Leni Immer
Meine Jugend im Kirchenkampf

Leni Immer

Meine Jugend
im Kirchenkampf

Quell

ISBN 3-7918-1714-0

© Quell Verlag, Stuttgart 1994
Printed in Germany · Alle Rechte vorbehalten
1. Auflage 1994 1.–3. Tausend
2., durchgesehene Auflage 1994 4.–5. Tausend
Umschlaggestaltung: Klaus Dempel, Stuttgart
Umschlagmotiv: privat
Bild der Rückseite: Sammlung Klaus Goebel
Gesamtherstellung: Maisch & Queck, Gerlingen

Inhalt

Vorwort von Johannes Rau   9

Der zweite Ostertag   13
1932: Das Jahr vor der Machtergreifung Hitlers   15
1933: Das Jahr des »Aufbruchs«   27
1934: Das Jahr der »Barmer Erklärung«   40
1935: Eine neue heidnische Religion   54
1936: Flucht aus dem Pfarrhaus   68
1937: Ein Jahr der Angst   84
1938: Ein Jahr in Berlin   109
1939: Das Jahr, in dem der Krieg begann   131

Ausblick   140

Nachwort   148

Ergänzende Literatur   150

Die Autorin   151

Wo aber Gefahr ist, wächst
Das Rettende auch.

HÖLDERLIN

Vorwort

Vielleicht ist diese Geschichte ja nie wirklich geschehen, aber wir haben sie einander als Kinder voller Bewunderung und Stolz immer wieder erzählt, und vielleicht stimmt sie ja doch: Da geht »unser Pastor« Immer ruhig und zielsicher durch den Klingelholl, »seine« Straße, und ihm kommen junge Leute entgegen, Hitlerjungen, »Jungvolk«. Sie haben so zueinander aufgeschlossen, daß dem Pastor kein Ausweichen möglich ist. Tagelang haben sie geplant, daß sie Pastor Immer eine Falle stellen und ihn endlich zwingen wollen, den stets verweigerten Gruß »Heil Hitler!« auszusprechen. Entschlossen »marschieren« sie über den Bürgersteig, bis sie unmittelbar vor ihm stehen: »Heil Hitler, Herr Pastor!« Er zieht den schwarzen Hut und grüßt freundlich zurück: »Immer!« Was blieb den Jungen da noch anderes als die Einsicht, daß er *besser* war...

Wann ich Karl Immer zum ersten Mal begegnet bin, weiß ich nicht mehr, weil er und seine Familie von Anfang an zu unserem Leben gehörten. Die ersten Erinnerungen an den Kindergarten sind zugleich die an seine Besuche und an seine Tochter Leni, die dort »aushalf« und uns die ersten biblischen Geschichten erzählte. Es hält sich das Gerücht, ich hätte ihr schon als Dreijähriger versprochen, sie zu heiraten...

Wenn Pastor Immer, um neue Kraft zu sammeln, einen Spaziergang durch den Barmer Nordpark machte, dann geschah es manchmal, daß er anklingelte und fragte, ob eines meiner Geschwister oder ich ihn wohl begleiten mochten. Dann erzählte er von der ostfriesischen Heimat oder davon, daß die Gegner Hitlers keine Gegner Deutschlands seien, weil unter diesem Mann Deutschland seinen Ruf und der deutsche Name seinen guten Klang verliere.

Die letzte Erinnerung an ihn ist mir freilich gegenwärtig. Am ersten Ostertag 1944 predigte Pastor Immer und begann mit einem Zitat, bei dem sein rrrollendes »R« uns beeindruckte:»Triumph, Triumph, es kommt mit Macht der Siegesfürst heut aus der Schlacht. Wer seines Reiches Untertan, schau heute sein Triumphfest an!«

Wenige Wochen später, im Juni des gleichen Jahres, starb Karl Immer, weil Verfolgung und Haft und Demütigung seine Kraft stärker reduziert hatten, als wir Kinder das spüren oder auch nur ahnen konnten. Ich war 13 Jahre alt, 50 Jahre jünger als heute, da ich älter bin, als Pastor Immer wurde...

Nun erzählt Leni Immer bewegend und farbig die Geschichte jenes Gemarker Pastorenhauses, das so viele Menschen geprägt und für ihr Leben »ausgerichtet« hat, ohne sie »abzurichten«. Ich habe das Manuskript lesen und vieles wachrufen können. Und ich möchte selber weitererzählen von Friederike, der bewunderten Freundin meiner Schwester; von Adalbert, dem sensiblen und begabten Vorbild; von Udo, den der kleine Sextaner Johannes als großen und respektheischenden Sekundaner erlebte; von Adolf Frielinghaus, der Hausmeister war und viel mehr als das. Sogar die drei Kaninchen fallen mir ein, denen Adalbert und Udo aus mir nicht mehr erinnerlichen Gründen die Namen der drei Männer im Feuerofen gegeben hatten: Sadrach, Mesach und Abed-Nego.

Was für Leni Immer eine *Jugend* im Kirchenkampf war, war für mich *Kindheit.* »Da ich ein Kind war, redete ich wie ein Kind.« Aber hell vor Augen steht, was jener Kirchenkampf bewirkt hat, an den wir ein halbes Jahrhundert später hoffentlich denken wie an »unsere Lehrer, die uns das Wort Gottes verkündet haben«, ohne Heldenverehrung, ohne Heiligsprechung, aber voller Dankbarkeit. Menschlich geredet, hätte es ohne Karl Immer keine Bekenntnissynoden und keine »Barmer Theologische Erklärung« gegeben. Er hat öffentlich gemacht, was die Herren von damals lieber im Kämmerlein aufbewahrt als auf der Kanzel verkündet, lieber im Konventikel versteckt als in den Zeitungen berichtet gesehen hätten. Ich habe es oft als ein Defizit der zeitgenössischen Kirchengeschichtsschreibung angesehen, daß Karl Immers bedeutende und unverzichtbare Rolle im Kirchenkampf erst sehr spät und nur unzulänglich beschrieben worden ist. Das bessert sich, auch durch diesen persönlichen und farbigen Bericht der ältesten Tochter.

Und ein zweites wird deutlich und ist mir wichtig: So unverwechselbar und so unverzichtbar Karl Immers Wirken war, so sehr es den Weg der Bekennenden Kirche mitbestimmt hat, so wenig darf verschwiegen oder übersehen werden, daß es das *Haus,* das Pfarrhaus, die Familie im ganzen war, die diesen Weg möglich machte – nicht ohne Wirren, denke ich an die Abiturfeier des Sohnes Karl, der später viele Jahre lang als Präses der Evangelischen Kirche im Rheinland wirkte und unvergessen bleibt. Vor einigen Jahren erschien ein vielbeachtetes Buch, in dem Pfarrerskinder ihren oft beschwerlichen Weg beschrieben und manche von ihnen »abrechneten«, was scheinbar abzurechnen war. Da hilft der Kontrapunkt zur Wirklichkeit: Es gibt auch das andere, daß Kräfte ausgehen von der Übereinstimmung zwischen Reden und Tun, zwischen Glauben und Leben.

Im 40. Psalm ist davon die Rede: »Er hat mir ein neues Lied in meinen Mund gegeben, zu loben unseren Gott. Das werden viele *sehen* und sich fürchten und auf den Herrn hoffen.« Gewiß, ein Bildbruch: Lieder, die man nicht hört, sondern sieht, aber ist das nicht auch in Zeiten, in denen kein Kirchenkampf angesagt ist, eine Botschaft, die besser verstanden werden kann als jede Proklamation großer Worte?

Ich wünsche diesem Buch, daß es viele nachdenkliche und

dankbare Leser findet, die nach ihrem eigenen Weg fragen und Rechenschaft geben wollen über die Hoffnung, die sie trägt und bewegt und die nichts und niemanden verloren gibt.

Johannes Rau

Der zweite Ostertag

Ein heller Sonnentag im April. Endlich ist der Frühling auch zu uns in den Norden Deutschlands, in das Dorf Rysum bei Emden gekommen. Die Straßen sind sauber gefegt, die Menschen wandern in ihren Sonntagskleidern zum Deich, hinter dem damals, Ostern 1921, noch das Meer mit Ebbe und Flut beginnt. Die roten Backsteinhäuser, die blühenden Gärten und der Himmel mit seinem zarten Blau, dazu die Aprilwiesen, in denen die Kinder bunte Ostereier hochwerfen, – all dies wird für das kleine Mädchen später der Inbegriff des Paradieses sein. Da geht es an der Hand des Vaters über die holprige Landstraße, zunächst nach Loquard und schließlich nach Kampen. Um zwei Uhr findet dort der Ostergottesdienst statt, den der Vater zu halten hat. Der Vater bringt das Kind in den Garten. Auf einer kleinen Bank soll es sitzen und dort auf das Ende des Gottesdienstes warten. Um es herum blühen die Kirschbäume und die Stachelbeeren, die Osterglocken und Tulpen. Vogelgesang und Bienensummen erfüllen den Garten. Die Fenster zur Kirche sind weit geöffnet, so daß es hören kann, was dort geschieht.
All dies nimmt das Kind ganz bewußt wahr. Mit allen Sinnen erfaßt es die Schönheit der Natur. Schon früh haben die Eltern ihm dies alles gezeigt, sie sind mit ihm und den Geschwistern durch den Garten gegangen. Gemeinsam haben sie das zarte Lila des Seidelbasts und die kräftigen Farben der Stiefmütterchen bewundert. Darum kann die Kleine verstehen, was sie an diesem Ostertag erlebt. Aber da ist noch etwas anderes. Sie hört in der Kirche die Orgel spielen und die Gemeinde ein Osterlied anstimmen. Die

kräftige warme Stimme des Vaters ist deutlich herauszuhören. Erst bei der vierten Strophe achtet sie darauf, was die Leute da singen. Sie behält die Worte und denkt darüber nach.

> Quält dich ein schwerer Sorgenstein,
> dein Jesus wird ihn heben.
> Es kann ein Christ bei Kreuzespein
> in Freud' und Wonne leben.

Mitten in das Erlebnis dieses Frühlingstages kommen die Worte aus einer anderen unsichtbaren Welt. Was mag mit dem Sorgenstein gemeint sein? Ist es vielleicht das schwere Gefühl, das sie beim Denken an die Schule erfaßt, die in der kommenden Woche zum ersten Mal für sie beginnt? Oft hat sie das Weinen der Kinder gehört, die von dem jähzornigen Lehrer geschlagen wurden. Wird es ihr auch so ergehen? Vater und Mutter werden ihr nicht helfen können. Aber da ist eine andere Instanz, an die sie sich wenden kann. Einer wird den Sorgenstein aufheben und ihr Mut geben. Diese schöne Frühlingswelt ist nur die eine Seite ihres Lebens. Zu ihr gehört das Zusammensein mit den Eltern und Geschwistern, die Geborgenheit in der Familie, die Freude und das Lachen mit den Freunden.

Aber auch die andere Welt ist ganz nah und gegenwärtig. Sie ist ebenso wahr und wirklich wie all das, was sie mit ihren Augen sieht und mit ihren Ohren hört. Den Schluß der Liedstrophe wird sie später verstehen, wenn die dunklen Bedrohungen das Leben der ganzen Familie überschatten.

> Es kann ein Christ bei Kreuzespein
> in Freud' und Wonne leben.

Diese andere Wirklichkeit wird für sie und ihre Lieben stärker sein als Angst, Gefängnis, Krankheit und Tod.

1932
Das Jahr vor der Machtergreifung Hitlers

Am 18. März 1932

Meine liebe Mutter,

zu Deinem Geburtstag kann und will ich Dir nichts anderes schenken als meine Kraft und viel Arbeitsfreude, die Dir dies Jahr lang eine Hilfe sein sollen. Du weißt, daß ich viel von mir selbst verlange, soweit ich kann, werde ich versuchen, Dir manches ein bißchen zu erleichtern. Ich bitte Dich auch jetzt, Geduld mit mir zu haben, es werden sicher Tage und Augenblicke kommen, wo ich Dir nichts als Sorge mache. Denk' dann daran, daß von klein an in meinen besten und schönsten Stunden immer der Wunsch in mir war, einmal zu denen zu gehören, die »Ihn liebhaben«, und darum etwas von dem Licht verbreiten dürfen –

Deine Leni

Diesem Brief war eine schwere Entscheidung vorausgegangen. Es war der Entschluß, die Schule zu verlassen und meiner Mutter und der Familie zu helfen. Das Zeugnis der Unterprima war gut ausgefallen. Deshalb hatten Dr. Müller, unser großartiger Direktor, und meine Klassenlehrerin Frau Dr. Bröking uns gemeinsam besucht, um mich, wie sie sagten, vor einer großen Torheit zu bewahren. Mit 17 Jahren müsse man zuerst an sich selbst und seine Ausbildung denken! Meine Eltern hatten sehr nachdenklich dabei gesessen und wären beinahe schwankend geworden. Auch ich dachte noch einmal an die Jahre in der »Unterbarmer Studienanstalt« zurück, der ersten Schule in Barmen, die Mädchen zum Abitur geführt hatte. Noch heute verdanke ich diesen Jahren viel. Frau Studienrätin Lic. Johanna Liesen (damals promovierten die theologischen Fakultäten nicht zum Dr. theol., sondern zum Licentiaten der Theologie [Lic.]; inzwischen wurde das abgeschafft), die uns mit ihrem großartigen Religionsunterricht in eine innere Freiheit zu führen versuchte, und Frau Dr. Magdalene Bröking, die unsere ganze Klasse bis heute prägte – diese beiden hatten auf mich den stärksten Einfluß.

Ich dachte an die Freundinnen, die heißen Diskussionen über die Fragen und Rätsel der Welt. Ich würde sie nicht verlieren, auch wenn ich sie nicht mehr jeden Tag treffen würde. Der Abschied von der Schule tat weh. Auf der anderen Seite sah ich die sechs Geschwister, unsere treue Hauke, die schon 14 Jahre bei uns war und sich gerade mit einer schweren Thrombose abquälte. Ich dachte an meine Mutter, die vor sechs Jahren, nach der Geburt ihres jüngsten Kindes, des kleinen Udo, eine Herzbeutelentzündung bekommen hatte, von der sie sich nie mehr erholen konnte. Ich war sicher, daß ich die richtige Entscheidung getroffen hatte.

Wir hatten ein schönes, glückliches Familienleben. Die Eltern ließen uns fühlen, daß sie jedes ihrer Kinder für ein kostbares Geschenk hielten, dessen Persönlichkeit geachtet wurde. Zum Erziehungsgrundsatz seines eigenen Vaters: »Sie dürfen alles, was nicht schlecht ist«, fügte mein Vater noch hinzu: »Frömmigkeit verträgt sich nicht mit Unnatur.« Er wünschte sich normale, fröhliche Kinder, die auch ihren christlichen Glauben natürlich und heiter lebten.

In den Erzählungen meiner Eltern spielten die Gestalten der Großeltern eine besondere Rolle. Meine Mutter Tabea Immer geb. Smidt (1890–1959) erzählte gern von ihrem Vater, dessen Heimathof in der Nähe von Leer wir schon früh kennenlernten. Später wurde Soltborg ein Ferienparadies für uns alle. Der Vater unserer Mutter war Pastor im Dorf Groothusen. Die glückliche Kinderzeit in dem alten Pfarrhaus, in dem sie mit drei jüngeren Geschwistern aufwuchs, fand ein jähes Ende, als der Vater mit 46 Jahren an Tuberkulose starb, die er sich bei einem schwerhörigen Kranken geholt hatte. Die 16jährige Tabea fuhr am Tag danach zu ihrem Großvater, um bei ihm konfirmiert zu werden. Am Montag brachten die Großeltern sie mit zur Beerdigung des Vaters. Dies Erlebnis hat unsere Mutter für ihr Leben geprägt. Der Schock der Trennung vom Vater, der sie in einem Augenblick verließ, als sie ihn, wie sie meinte, am nötigsten brauchte, bewirkte eine leise Traurigkeit, mit der sie ihr Leben lang zu kämpfen hatte. Einmal hatte die Großmutter den Arzt gefragt: »Dürfen die Kinder ihren Vater küssen?« Die Antwort lautete in einer Zeit, die noch wenig von Bazillen wußte, »Frau Pastorin, wollen Sie Ihrem Mann die letzte Freude nehmen?« Zwei Jahre später starb die 15jährige Leni an der gleichen Krankheit. Auch der jüngste Bruder Udo hatte sich angesteckt. Sein erstes Schuljahr wurde eine Zeit der Liegekuren, in der seine große Schwester Tabea, meine Mutter, die eben ihr Examen als Lehrerin gemacht hatte, ihn unterrichtete. Die enge Verbindung zwischen den Geschwistern hielt ihr ganzes Leben lang.

Die Verlobungszeit meiner Mutter war überschattet von der Krebserkrankung ihrer Mutter. Nach der Hochzeit lebte diese noch sechs Wochen im Pfarrhaus Rysum. Auch die beiden Brüder fanden hier eine Heimat.

Den Tod mit einzubeziehen in das Leben, Sterben in der Gewißheit der Auferstehung, das hat unsere Mutter in ihrer Jugend gesehen. Diese Erfahrungen sind ihr später eine Hilfe gewesen und haben ihr eine Seelenkraft und Stärke gegeben, mit der sie uns allen geholfen hat.

Wenn mein Vater die Gestalten seiner Eltern lebendig werden ließ, dann lauschten wir Kinder besonders begierig. Da war ein Hauch von Fremde und Abenteuer, der uns begeisterte. Zuerst kam die Geschichte der 20000 Salzburger, die im Jahre 1731 wegen ihres evangelischen Glaubens ihre Bergheimat verlassen mußten. Zwei junge Burschen unseres Namens waren auch dabei. In der Gegend von Gumbinnen in Ostpreußen fanden sie ein neues Zuhause. Hier wuchs mein Großvater Carl Immer auf. »Die Hohenzollern haben uns eine Heimat gegeben, das dürfen wir ihnen nie vergessen«, das prägte schon der Großvater seinen Kindern ein. Während des Kirchenkampfes fuhr mein Vater daher zweimal nach Doorn, um dem früheren Kaiser die Berichte der Bekenntnissynoden persönlich zu überbringen. Er sah in Wilhelm II. (wie so viele Pfarrer) immer noch den obersten Bischof der evangelischen Kirche in Deutschland.

Mein Großvater Carl Immer wurde in Basel zum Missionar ausgebildet und in den Urwald Togos ausgesandt. Er freundete sich bald mit den Menschen an und begann, sie zu unterrichten.

Schon nach kurzer Zeit wurde ihm klar, daß er die Arbeit alleine gar nicht schaffen konnte. Vor allem wurde eine Frau gebraucht für die Erziehung der Mädchen. Flora Eilers, die 20jährige Nichte eines Missionsleiters, schien am besten dafür geeignet. Sie arbeitete als Gouvernante in Amsterdam. Ihr Onkel fuhr zu ihr und fragte sie, ob sie den Glaubensmut habe, einen fremden Missionar in Togo zu heiraten und seine Missionsarbeit tatkräftig zu unterstützen. Die zarte sanfte Flora wagte die weite Fahrt auf dem Segelschiff. Sie unterrichtete die Mädchen und Frauen. Nur fünf Jahre blieben die beiden dort, dann zwang die Malaria sie zur Rückkehr. In Manslagt, Ostfriesland, fanden sie schließlich eine Pfarrstelle, in der ihre Kinder heranwachsen konnten.

Mut und Kreativität, dazu ein unerschütterliches Gottvertrauen, das brachte mein Vater Karl Immer aus seinem Elternhaus mit.

Unsere Eltern beobachteten ihre Kinder genau. Sie wußten auch Bescheid über die Schulnoten, und die Mutter half früh genug, solange man die Wissenslücken noch stopfen konnte. In den Lehrern sahen wir natürliche Bundesgenossen. Unbefangen luden wir manche Lehrer zum Abendessen an den Familientisch ein.

Einmal habe ich erlebt, wie der Vater morgens früh energisch zu mir sagte: »Du siehst heute so blaß aus. Du gehst nicht zur Schule. Wir beide werden eine lange Wanderung ins Deilbachtal machen.« Unterwegs mußte ich ihm den Roman von Dostojewski »Schuld und Sühne« erzählen. Seufzend sagte er: »Wie schade, daß ich keine Zeit mehr habe, solch ein wunderbares Buch zu lesen.« Als wir frisch und erholt zurückkamen, bedankte er sich bei mir. »Wie habe ich es gut, daß ich noch bei meinen Kindern lernen kann.«

Wenn wir morgens um sieben Uhr alle um den großen Familientisch saßen und das Morgenlied anstimmten, wenn dann der Vater die Losung der Herrnhuter Brüdergemeine las, dann war das ein Stück heile Welt, das man bewahren mußte. Karl, mein ein Jahr jüngerer Bruder, begleitete den Gesang auf seinem Horn. Nur ich wußte, daß er heimlich den damals noch verbotenen nationalistischen Schülerbund (später HJ) besuchte. Er trug die blaue Hose und das graue Hemd der Schülerbibelkreise. Er leitete selbst einen Bibelkreis von Zehn- bis Zwölfjährigen. Seitdem hatten sich seine Zensuren merklich gebessert. Durch die Verantwortung für die Jüngeren war sein Fleiß gewachsen.

Nach uns beiden »Großen« (17 und 16), wie wir im Familienkreis genannt wurden, kamen die drei Schwestern Waltraut (14), Alida (12) und Friederike (10), die im allgemeinen fest zusammenhielten. Wir alle hatten große Freude an den »kleinen Jungen«: Adalbert (8) und Udo (6). Damals erlebte der zarte blonde Adalbert seine erste Liebesgeschichte. Wenn er, den Ranzen noch auf dem Rücken, nach Hause kam, lief er zuerst zur Mutter und umarmte und küßte sie stürmisch. Er hatte die großen blauen Augen seiner Mutter geerbt und war von allen sieben am stärksten mit ihr verbunden, ihr auch im Wesen am ähnlichsten. Sie durfte ihn nur 18 Jahre behalten. Udo sollte Ostern zur Schule kommen, und jeden Morgen holte die Mutter ihn ins Wohnzimmer, um ihm eine biblische Geschichte vorzulesen. Sie waren eben bei der Passionsgeschichte angekommen, da sagte der Kleine: »Nun fang gleich mit der Ostergeschichte an, das mit der Kreuzigung ist zu schwer!«

Im April 1932 begann meine Mitarbeit in dem großen Haushalt, der mit seinen gebohnerten Linoleumböden und der handgewaschenen Wäsche im Keller damals noch viel körperliche Kraft erforderte. Die Mutter organisierte den Arbeitstag und saß meist in der Wohnstube mit dem großen Stopfkorb. Von Geburt an hatte sie eine Hüftluxation und hinkte stark. Aber sie hatte gelernt, damit zu leben. Auch der Vater brauchte meine Hilfe. Er übergab mir eine Gruppe im Kindergottesdienst. Und dann war da eine besonders nette Mädchengruppe, die eben konfirmiert worden war. »Machst du das?« fragte er zaghaft. »Gerne, Vater«, antwortete ich, »aber nur unter einer Bedingung. Ich will mit ihnen wandern und singen. Aber ich kann ihnen kein einziges christliches Wort sagen! Dazu habe ich selbst noch zu viele Fragen.« Dieser Vorschlag gefiel meinem Vater. Er ging darauf ein und erschien gegen Schluß des Jugendabends zu einer kurzen spannenden Bibelarbeit.

In jenem Sommer lasen wir beide jeden Morgen eine halbe Stunde (von 6.30–7.00 Uhr) ausgewählte Stücke aus einem damals sehr berühmten theologischen Buch, das den Römerbrief behandelte. Mein Vater erzählte mir von dem Verfasser, einem Schweizer Theologen mit Namen Karl Barth. Damals kannte er ihn noch nicht persönlich. Er meinte, daß durch die Theologie dieses Mannes eine neue Richtung in sein Leben und Denken gekommen sei, das bis dahin stark vom Pietismus bestimmt gewesen war (während im Pietismus der Mensch, seine Bekehrung und Heiligung eine große Rolle spielte, stellte Karl Barth die Offenbarung Gottes in Jesus Christus in den Mittelpunkt seiner Theologie).

Anfang Juni 1932 fuhren die Eltern für eine Woche nach Ostfriesland. Der Bruder ihrer früh verstorbenen Mutter hatte schon bald die Rolle seines Vaters und Großvaters eingenommen. Seine Frau hieß uns zu jeder Zeit im Pfarrhaus herzlich willkommen. Das Dorf Groothusen mit dem verwilderten Friedhof und den Gräbern unserer Großeltern Smidt war neben Soltborg die zweite Ferienheimat.

Der Vater schrieb am 11. Juli:

...nun haben wir die Heimat wieder in Besitz genommen. Gestern morgen fuhren wir mit »Jan Klein« (einem Bummelzug) die altbekannte Strecke vorbei an Höfen und Dörfern nach Groothusen. Die meiste Zeit waren wir auf der Plattform, um uns nichts von der Schönheit des Heimatlandes und der herrlichen Luft entgehen zu lassen.

In jenen Jahren gab es in Deutschland eine gewaltige Rezession. Man zählte 6 Millionen Arbeitslose, ein Heer von grauen Gestalten, deren Unterstützung kaum zum Leben ausreichte. In unserem Gemeindebezirk lebten viele Arbeiterfamilien. Schon seit zwei Jahren sorgte mein Vater für einen warmen Raum im Gemeindehaus, in dem sich die arbeitslosen Männer im Winter treffen konnten. Außerdem hatte die Stadt auf sein Bitten hin ein ödes, verwahrlostes Stück Land zur Verfügung gestellt, das in kürzester Zeit durch den freiwilligen Einsatz dieser Männer in blühende Schrebergärten verwandelt wurde. Auch die Pfarrfamilie bekam ein kleines Stück zugeteilt, auf dem nun eifrig gegraben, gesät und geerntet wurde. Dabei gab es lange Diskussionen über Politik. Einige der Männer standen den Kommunisten nahe, die damals in Deutschland fast ein Drittel aller Stimmen bekamen. Andere sprachen mit großer Hoffnung von Adolf Hitler, dessen Partei bei den letzten Wahlen ungeheuren Stimmenzuwachs verzeichnen konnte. Trupps von jungen Männern in braunen Uniformen (sie nannten sich Sturmabteilung, SA) lieferten sich Straßenkämpfe und Schlägereien mit den Gruppen der Kommunisten. Es gab Tote und Verwundete. Die Regierung unter Kanzler Brüning versuchte mit drastischen »Notverordnungen« die staatliche Ordnung wiederherzustellen und die bürgerkriegsähnliche Situation in den Griff zu bekommen.

In jenem Sommer 1932 bewarben sich fast 30 Parteien um die Stimmen der Bürger. Im Stadion in Elberfeld sollte eine große Kundgebung mit Adolf Hitler stattfinden. Wir bekamen zwei Platzkarten in den vordersten Reihen geschenkt. Voller Erwartung machten mein Bruder Karl und ich uns auf den Weg. Wir erlebten die Spannung des Wartens, überbrückt durch laute Marschmusik und den tosenden Beifall der 30 000 Menschen, als der Führer endlich eintraf, umgeben von den »Sturmstaffeln«, den SS-Männern und den braunen paramilitärischen Gruppen der SA. Auch wir wurden mitgerissen von dem Strudel der Begeisterung und lauschten atemlos den Worten Hitlers: »Treten Sie ein in meine Partei! Die besten Arbeiter der Stirn und der Faust sind schon dabei! Wir werden Deutschland verändern! Ein starkes, schönes Land soll entstehen!« So etwa lauteten die Worte, die ich bis heute nicht vergessen kann. Als die Rede zu Ende war, reckten alle den rechten Arm nach vorne und riefen: »Heil, mein Führer!« Einer überschrie den andern. Der spätere Propagandaminister Goebbels sprach von »frenetischem Beifall«. Während mein Bruder und ich uns begeistert an dem Beifall beteiligten, hatte ich so etwas wie eine Vision: Ich stellte mir vor, diese Menschen würden mit derselben Lautstärke, aber nun mit einer Gebärde des Hasses diesen Mann Adolf Hitler verfluchen. Es würde ganz ähnlich klingen.
Zuhause angekommen, überfielen wir die Eltern sofort mit einem ausführlichen Bericht, der in der leidenschaftlichen Bitte gipfelte:»Vater, wenn du uns liebhast, wählst du Adolf Hitler!« Der Vater lächelte ein wenig. Er wollte uns Kindern nicht die Freude verderben. Aber dann schüttelte er den Kopf. Er hatte das Buch »Mein Kampf« gelesen und wußte mehr über diesen Mann Adolf Hitler.
Acht Tage später machten wir uns wieder auf den Weg in

eine Wahlveranstaltung. Diesmal waren die Deutschnationalen, eine bürgerliche Rechtspartei, an der Reihe. Die Rede in dem mittelgroßen Saal hielt diesmal eine Frau, es war die berühmte Reichstagsabgeordnete Dr. Magdalene von Tiling. Ihre Rede war eine einzige Warnung vor den Nationalsozialisten, in denen sie die größte Gefahr für unser Volk und seine junge Demokratie sah. Zuletzt stieß sie eine Warnung aus, die mir unvergeßlich blieb: »Wenn Sie Hitler wählen, dann wählen Sie den Krieg. Diese Weltanschauung kann nur in Blut und Tränen enden.« Dann kam der Augenblick, wo man die Schwurhand hob und das Deutschlandlied anstimmte, wie es bei den Deutschnationalen üblich war. Ich blickte um mich. Die meisten jungen Leute musterten die Rednerin mit höhnischen Blicken und streckten die Hand aus zum Hitlergruß. Es war mir, als wollten sie sagen: »Rede nur zu! Wir lassen uns von dir nicht von unserer Meinung abbringen!«

Das Jahr 1932 brachte mir nicht nur den Abschied von der Schule und das Einleben in die praktische Arbeit zu Hause, sondern auch schwierige innere Kämpfe. Meist ging es um die Wahrheit des christlichen Glaubens. Meine Freundinnen und ich hatten gemeinsam Nietzsches »Zarathustra« gelesen. Christian Morgenstern war für uns eine Art Kultfigur. Eine Freundin schrieb mir Worte von Morgenstern in mein schwarzes Wachstuchheft.

Wenn man den Sternenhimmel mit Ernst betrachtet,
wird man gestehen müssen,
daß Gott der Schöpfer, der größte Gedanke war,
der je in ein Menschenhirn kommen konnte...

Der Gott, an den meine Eltern glaubten, der vielen Menschen in unserer Gemeinde der »einzige Trost im Leben und im Sterben war«, sollte nur ein Gedanke, ein Produkt menschlicher Phantasie sein? Darauf konnte man doch keine geistige Existenz gründen!

Schon lange hatte mich die Tatsache gequält, daß die Menschen wie von selbst von mir erwarteten, daß ich Christin sei. Das ist ja bis heute die Schwierigkeit vieler Pfarrerskinder. Damals lebte ich ein merkwürdiges Doppelleben: Tagsüber spielte ich die vergnügte Tochter und Schwester, und abends saß ich über dem schwarzen Tagebuch und schrieb rückhaltlos alle meine Gedanken nieder.

Jede Woche kam an einem Abend meine Freundin Irmgard Fricke zu mir. Sie brachte die Geschichten aus der Schule mit. Es war selbstverständlich, daß ich die deutschen Bücher und Dramen, die englische und französische Lektüre mitlas. Meine Freundin war in einem Elternhaus aufgewachsen, das kirchlich nicht gebunden war. Sie beschäftigte sich mit ähnlichen Problemen wie ich. Aber merkwürdig, während ich mich an dem, was meine Eltern glaubten, stieß und rieb, ging ihr beim Nachdenken über den christlichen Glauben eine neue Welt auf. Bevor sie später ins Studium ging, ließ sie sich zusammen mit ihrer älteren Schwester von meinem Vater konfirmieren. Die langen Abendgespräche mit ihr holten mich aus der Traurigkeit heraus und zeigten mir neue Perspektiven.

Im September stand in unserem Gemeindehaus eine Bibelwoche auf dem Programm. Der Redner war der alte Dr. Traugott Hahn, damals 86 Jahre alt und von großer geistiger und körperlicher Frische. Er wohnte wie jedesmal bei uns, ein von allen verehrter Gast. Mein Vater bat mich, jeden Morgen mit dem alten Herrn einen Spaziergang im Nordpark zu machen. Damals waren seine »Lebenserinnerungen« eine Art Bestseller in christlichen Familien. Er war als Balte schon vor dem Ersten Weltkrieg von den Russen mit seiner Familie nach Sibirien verbannt worden. Nach dem Ersten Weltkrieg wurde sein Sohn Traugott Hahn, Professor in Dorpat, in den Bürgerkriegswirren von Kommunisten erschossen. Dieser alte Pfarrer hatte etwas absolut Vertrauenswürdiges, er begegnete seinen Gesprächspartnern mit Wohlwollen und machte ihre Probleme zu seinen. Er interessierte sich auch für die krausen und wirren Gedanken einer Siebzehnjährigen. An jedem Morgen half er mir ein wenig weiter. Ich war betroffen von der Glaubwürdigkeit seiner Worte. Er hatte mich überzeugt. Von da an machte ich eigene Schritte in die Welt des christlichen Glaubens. Das half mir später, aus voller Überzeugung hinter dem Kampf zu stehen, der uns näher war, als wir ahnten.

An den wenigen freien Abenden des Vaters saßen die erwachsenen Mitglieder der Familie um den großen Tisch im Wohnzimmer. Damals war Oswald Spenglers »Untergang des Abendlandes« in aller Munde. Es wurde vorgelesen und diskutiert. Unsere Meinung war dem Vater immer wichtig. Er hatte zu jedem seiner Kinder ein besonderes Verhältnis, so daß jedes von uns denken mußte, es sei sein liebstes Kind.

Es war ein regnerischer, stürmischer Novemberabend, als es an der Tür klingelte. Draußen stand Adolf Mallmann, ein Presbyter: »Kann ich den Vater alleine sprechen? Ich habe hier etwas für ihn...« Er kam ins Wohnzimmer, und mein Vater überzeugte ihn davon, daß das Papier, das er in der Hand hielt, alle interessierte. »Es stammt von einem gewissen Pfarrer Hossenfelder. Es sind die Richtlinien der Glaubensbewegung der Deutschen Christen.« Mein Vater las die berühmten 10 Punkte vor, die schon am 26. Mai 1932 herausgegeben worden waren. Da heißt es:

Punkt 2: Wir kämpfen für einen Zusammenschluß der im »Deutschen Evangelischen Kirchenbund« zusammengefaßten Kirchen zu einer *Evangelischen Reichskirche*.
Punkt 4: Wir stehen auf dem Boden des positiven Christentums. Wir bekennen uns zu einem *artgemäßen Christusglauben*, wie er deutschem Luthergeist und heldischer Frömmigkeit entspricht.
Punkt 5: Wir wollen das wiedererwachte deutsche Lebensgefühl in unserer Kirche zur Geltung bringen und unsere Kirche lebenskräftig machen.

Punkt 9: In der *Judenmission sehen wir eine schwere Gefahr für unser Volkstum.* Sie ist das Eingangstor fremden Blutes in unseren Volkskörper. Wir lehnen die Judenmission in Deutschland ab, solange die Juden das Staatsbürgerrecht besitzen und damit die Gefahr der Rassenverschleierung und Bastardisierung besteht. Die Heilige Schrift weiß auch etwas zu sagen von heiligem Zorn und Versagen der Liebe. Insbesondere ist die Eheschließung zwischen Deutschen und Juden zu verbieten.

Nun entspann sich eine heftige Diskussion. Jemand fragte: »Was soll all das verworrene Zeug? Das geht uns nichts an!« Herr Mallmann, der mit den 10 Thesen schon vertraut war, warnte uns, diese Sätze nicht zu leicht zu nehmen, da sie von einem fanatischen Geist geprägt seien. Die Diskussion drehte sich insbesondere um Punkt 4: »Was ist ein artgemäßer Christusglaube?« »Was ist heldische Frömmigkeit?« Das sollte uns noch früh genug deutlich gemacht werden. Voller Entsetzen lasen wir den Absatz mit seinem unverhüllten Judenhaß. Niemand konnte sich vorstellen, daß die deutsche evangelische Kirche schon Monate später von diesen Deutschen Christen beherrscht sein würde, ja, daß an der Spitze der gesamten evangelischen Kirche ein Deutscher Christ als Reichsbischof stehen würde.

1933
Das Jahr des »Aufbruchs«

Mein Vater war Pastor der Evangelisch-Reformierten Gemeinde Barmen-Gemarke, der ältesten Gemeinde Barmens. Sie erstreckte sich über die Stadtteile Oberbarmen und Mittelbarmen und war in sechs Pfarrbezirke aufgeteilt. Sie hatte 24000 Mitglieder. Das Besondere dieser Gemeinde war der feste Zusammenhalt unter den sechs Pfarrern. Ihnen standen Presbyter zur Seite, die ihren Glauben sehr ernst nahmen. Mit großem Respekt sprach der Vater von diesen ehrenamtlichen Mitarbeitern, von denen er in den folgenden Jahren viel Unterstützung, aber auch manche Kritik bekam. Manchmal frage ich mich, wie meine Eltern es schafften, uns ohne große Worte für die Gemeinde zu interessieren. Kritik an der Predigt wurde am Sonntagmittag offen ausgesprochen, ebenso die Fragen der Politik.

Am 30. Januar 1933 wurde Adolf Hitler Reichskanzler. Eine Welle von Hoffnung und Freude erfaßte viele Menschen. Auch wir Kinder wollten uns nicht ausschließen. Ich schrieb damals in mein Tagebuch:

> Ich erlebe ganz bewußt diese große Zeit, in der Deutschland aufgewacht ist, und jeder sich nicht mehr als ein treibendes Blatt, sondern als ein Glied des großen Ganzen empfindet. Ich habe mich einzuordnen und meine Pflicht zu tun. Ich will es.

Adolf Hitler sprach in seinen Reden immer wieder von dem »positiven Christentum« und davon, daß er Menschen aus beiden großen Kirchen als seine besten Mitarbeiter brauche. Damals bildeten sich in christlichen Kreisen fromme

Legenden, die wirklich geglaubt wurden. Jemand berichtete, daß Hitler das Losungsbuch der Brüdergemeine täglich gebrauche und sich vom »Posaunengeneral Kuhlo« auf dem Obersalzberg Choräle vorspielen lasse. Wenn man dann von rohen Gewalttaten hörte, die von SA-Männern begangen wurden, dann war die stehende Redewendung: »Der Führer weiß das nicht...« oder »Wenn das der Führer wüßte!«

Die Wahl am 5. März brachte einen neuen Reichstag. Am 21. März gab es zur Einführung den großen Gottesdienst in der Potsdamer Garnisonkirche, bei dem der alte Reichspräsident von Hindenburg und Adolf Hitler, »der greise Feldmarschall und der unbekannte Gefreite aus den Schlachten des großen Krieges«, einen langen Händedruck tauschten. Einige Tage später wurde im Reichstag über das »Ermächtigungsgesetz« abgestimmt, das die Regierung berechtigte, zum »Schutz von Volk und Staat« jeden Bürger ohne Urteil in Haft zu nehmen, jedes Druckerzeugnis vor der Veröffentlichung zu prüfen und keine neue Vereinigung zu dulden, die nicht die Buchstaben NS vorweg hatte. Von da an gab es NS-Sportvereine, NS-Briefmarkenclubs oder NS-Diätkurse. Damals hörte ich einige Jungen auf der Straße singen:

Ein Bäumchen steht im Walde,
ist auch organisiert.
Gehört zum NS-Baumbund,
damit ihm nichts passiert.

Merkwürdig, daß außer den Sozialdemokraten (die Kommunisten waren längst in den Konzentrationslagern verschwunden) sich niemand dagegen auflehnte, daß mit dieser Abstimmung des Reichstags Gerechtigkeit und Recht von nun an mit Füßen getreten werden konnten, daß hier eine Generalvollmacht für Mord und Terror gegeben wurde. Die neue Regierung brachte eine neue Sprache mit, Zauberworte wie »Führerprinzip«, »Gleichschaltung«, »Überwindung des Parteienstaates«. Die Worte Demokratie und Parlamentarismus wurden zu Schimpfworten.

In jenen Frühlingstagen öffnete ich mehrmals spät abends noch die Haustür und geleitete Frauen ins Studierzimmer, die seltsam maskenhafte Gesichter hatten. Es waren Frauen von Kommunisten, die im Konzentrationslager Kemna terrorisiert und gequält wurden. Über dies alles bewahrte mein Vater Stillschweigen.

»Ausgeliefert in die Hände der Peiniger« – das begann für viele Menschen in Deutschland schon im Frühjahr 1933.

Im Juli 1933 wurde am Stadtrand von Wuppertal in einer leerstehenden Fabrik ein Konzentrationslager eingerichtet. Es bestand bis zum Frühjahr 1934; Anwohner hörten immer wieder die Schreie von Gefolterten. Aber wer es wagte, einen SA-Mann danach zu fragen, bekam zur Antwort: »Das sind faule, lichtscheue Elemente, die in solchen Lagern umerzogen werden zu aufrechten Volksgenossen.« Jugendliche wie wir glaubten das, ohne weiter zu fragen.

Der Frühling dieses neuen Jahres war besonders strahlend und hell. Die Natur freute sich mit uns über das »Erwachen unseres Volkes«, wie wir es nannten. In unserer Nachbarschule »Schützenstraße« stand in großen Buchstaben am schwarzen Brett: »Adolf Hitler ist die Auferstehung und das Leben des Deutschen Volkes«. Man gebrauchte damals gern Bibelworte, die man auf die politische Wende umdeutete. Besonders oft denke ich an den 1. Mai. Alle Kirchenglocken läuteten durch das langgestreckte Tal der Wupper. Diesmal wurden überall Dankgottesdienste gefeiert, zu denen auch SA-Formationen in Uniform erschienen. »Nun danket alle Gott« war das meistgesungene Lied. Pastor D. Humburg hielt eine begeisterte Predigt in der Gemarker Kirche. Er bat um Gottes Segen für jeden einzelnen in seinem Beruf, ebenso um Segen für die neue Regierung. Aber er dachte auch an die Lage der evangelischen Kirche: Würden die Christen in dieser neuen Situation weiter atmen können?

Dies war die große Stunde der Deutschen Christen. Unverhohlen strebten sie nach den Leitungsämtern in der Kirche. »Eine erneuerte Kirche in einem erwachten Volk« – das war ihre Parole. Im Zeitalter des Führerprinzips brauchte die deutsche Kirche zunächst einen Reichsbischof, der die vielen Kirchen vereinen und zu einer Deutschen Volkskirche formen sollte. Schon vor Pfingsten trafen sich Abgesandte aus allen Landeskirchen, die den Leiter der Anstalt Bethel, Friedrich von Bodelschwingh, zum deutschen Reichsbischof wählten. Er stimmte zu.

»Pastor Fritz«, wie er in Bethel genannt wurde (im Unterschied zu seinem Vater Friedrich), war uns Kindern gut bekannt. Er hatte Vorträge und Predigten in unserer Gemeinde gehalten und war mehrmals in unserem Elternhaus zu Gast. Er hatte uns Kindern von »seinen Kranken« in Bethel erzählt und uns auf das Schicksal der Obdachlosen, der »Brüder der Landstraße«, aufmerksam gemacht. Es gab damals in Deutschland keinen Pfarrer, der so verehrt und geliebt wurde wie er. Als der Bund deutscher Bibelkreise seine Pfingsttagung im Zeltlager in der Senne mit 5000 Schülern von 12–18 Jahren abhielt, beschlossen diese, unter der Führung ihres Reichswarts Udo Smidt (dem jüngsten Bruder meiner Mutter), in ihrer bündischen Kluft mit zum Führergruß erhobenen Händen an Pastor von Bodelschwingh vorbeizumarschieren. Das war eine mutige Entscheidung, da er noch nicht als Reichsbischof eingeführt war. Für meinen Bruder Karl bedeutete es ein Jugenderlebnis, von dem er uns nicht genug erzählen konnte.

Die Deutschen Christen starteten jedoch eine Hetzkampagne gegen von Bodelschwingh, so daß er nach einem Monat angewidert seine Zusage zurückzog. Ihr Wunschkandidat war der Wehrkreispfarrer Ludwig Müller, der mit Adolf Hitler im Ersten Weltkrieg im Lazarett gelegen hatte.

Trotz aller Versprechungen, die beiden großen Kirchen nicht anzutasten (mit der katholischen Kirche arbeitete man schon an einem großzügigen Konkordat, das im Juli 1933 unterschrieben wurde), bestellte der Kultusminister Dr. Rust am 24. 6. 1933 einen »Reichskommissar« für alle deutschen evangelischen Kirchen, Dr. August Jäger. An die Lutherischen Bischofskirchen von Württemberg, Bayern und Hannover wagte man sich zunächst nicht heran (Hitler war Katholik und hatte zunächst Respekt vor dem Amt des Bischofs). Aber noch am selben Tag löste Dr. Jäger in allen evangelischen Kirchen der »Altpreußischen Union« (z. B. Ostpreußen, Pommern, Mecklenburg, Brandenburg, Schlesien, Westfalen und Rheinland) alle gewählten kirchlichen Körperschaften auf und setzte überall Kommissare ein. Diese Nachricht erschreckte uns. Wir merkten, daß Vater geradezu fassungslos war. Zunächst fragte die kleine Friederike:»Was sind gewählte Körperschaften?« Vater erklärte:»Das ist unser Gemarker Presbyterium, das ist die Kreissynode, die Landessynode...!« In unserer Gemeinde sollte ein Deutscher Christ, ein junger Pfarrer aus Langerfeld, als Kommissar eingesetzt werden.»Und was ist in Berlin geschehen?« wollte Karl wissen.»Dort wurden die Gebäude des Evangelischen Presseverbandes und des Kirchenbundes von der SA besetzt. Der berühmte Generalsuperintendent Otto Dibelius, der beim ›Tag von Potsdam‹ die Predigt gehalten hatte, wurde mit zwei anderen Kirchenführern in den vorzeitigen Ruhestand versetzt.« Mit solchen Maßnahmen sollte die evangelische Kirche »gleichgeschaltet« und dem Staat unterstellt werden.

Pfarrer Hossenfelder, der Führer der Deutschen Christen, sollte am 2. Juli in sein Amt als kommissarischer Geistlicher Vizepräsident eingesetzt werden. Er war damit der Vorgesetzte aller evangelischen Pfarrer in Deutschland. »Aus Dank und Freude« sollten darum alle Kirchen, alle Pfarrhäuser und Gemeindehäuser beflaggt werden. Die rote Fahne mit dem Hakenkreuz sollte neben der weiß-violetten Kirchenfahne hängen. Da regte sich endlich der Widerstand! In unserer Gemeinde waren sich alle einig, daß man dieser Anordnung den Gehorsam verweigern müsse. Mein Vater sagte: »Wenn wir die Flaggen heraushängen, dann werden ja die Menschen denken, wir wären mit diesen Erlassen einverstanden! Der gute Hirte warnt die Herde...«

Meiner Erinnerung nach hat damals der Kirchenkampf begonnen. Die Gemeinde teilte sich in Männer, die »für Christus und die Gemeinde« eintraten und solche, die meinten, durch den Beitritt zu den Deutschen Christen eine neue Möglichkeit für die Volksmission zu haben.

In jenen Tagen erschien ein kleines Heft, das der Theologieprofessor Karl Barth (damals in Bonn) geschrieben hatte. Es trug den Titel »Theologische Existenz heute«. Unser Kirchmeister (Sprecher des Presbyteriums), Carl Frowein, Besitzer einer Schuhmaschinenfabrik, kaufte sofort Exemplare dieses Büchleins für alle Presbyter und Mitarbeiter unserer Gemeinde. Noch heute ist dieses Heft eine spannende Lektüre. Barth schreibt gleich am Anfang:

> Das, was jetzt unter keinen Umständen geschehen darf, ist dies, daß wir im Eifer für irgend etwas, was wir für eine gute Sache halten, unsere theologische Existenz verlieren. Unsere theologische Existenz ist unsere Existenz in der Kirche, und zwar als berufene Prediger und Lehrer der Kirche.

Er sah viele Christen in der Gefahr, daß sie die Grundlage ihres Glaubens verlieren würden, wenn sie sich Dr. Jäger und Hossenfelder anschlossen.

Am 3. Juli 1933 erschien morgens jener junge Pfarrer aus Langerfeld auf dem Gemeindeamt. Zur Strafe dafür, daß man nicht geflaggt hatte, setzte er sich selbst zum Leiter der Gemeinde ein und verlangte alle Schlüssel und den Zugang zu allen Kassen. Der Kirchmeister und das Presbyterium seien hiermit abgesetzt und hätten keinerlei Befugnisse mehr. Man fand eine Ausrede und gab ihm nichts heraus.

An diesem Montagabend trafen sich die Presbyter und die sechs Pfarrer der Gemeinde im Wohnzimmer des Kirchmeisters Frowein. Das war der erste Schritt in die Illegalität. Sie sangen Psalm 99, der später auf vielen Bekenntnissynoden gesungen wurde: »Gott der Herr regiert, Ihm allein gebührt Ehre, Macht und Reich...« An diesem Abend beschlossen sie, als Presbyterium der Gemeinde im Amt zu bleiben. Sie überlegten, wie man die Menschen durch ein Flugblatt aufklären könne. Später schickte man Telegramme an den alten Freund Dr. Humburgs aus dem Ersten Weltkrieg, den Reichspräsidenten von Hindenburg, und an den Kultusminister Dr. Rust. Zugleich lud man die ganze Gemeinde für den darauffolgenden Sonntagabend zu einer Gebetsveranstaltung ein. Auch in den Bibelstunden wurden die Menschen über die Lage der Gemeinde aufgeklärt.

An einer dieser Bibelstunden habe ich teilgenommen. Die Einleitung hat mein Vater wörtlich in sein Predigtbuch eingetragen. Da heißt es:

> Durch alle Zeiten geht das Ringen Gottes um den Menschen ... Heute ist das der Sinn der Bewegung in unserer Kirche, Gott einzufangen für die Zwecke des deutschen Volkes. Aber Gott entzieht sich denen, die ihn für ihre Zwecke mißbrauchen wollen.

Damals fragten viele Menschen: »Wollt ihr Christen uns die Freude an unserem neuen Staat nehmen? Ihr seid Spielverderber!« Immer wieder betonten die Leute unserer Gemeinde: »Wir haben keine politischen Ziele! Wir sind nicht gegen Adolf Hitler! Mit unserem Kampf gegen die Deutschen Christen wollen wir vielmehr unserer neuen Regierung helfen! Die Deutschen Christen bieten unserem deutschen Volk ein brüchiges Glaubensfundament. Wir vertrauen allein dem Wort Gottes.«

Am 14. Juli wurde ein neues Reichskirchengesetz bekanntgegeben. Da war die Rede von einer Wahl für eine neue Kirchenregierung. Nur neun Tage blieben den Gemeinden bis zum Zeitpunkt der Wahl. Das war schier unmöglich. Um den Wahlmodus zu vereinfachen, bot man den Gemeinden an, eine einheitliche Liste einzureichen, bei der allerdings 80% der Bewerber Deutsche Christen sein mußten.

In Wuppertal gab es zwei Gemeinden, die diese Möglichkeit ablehnten und mit zwei Listen regelrecht zum Wahlkampf antraten. Man wählte eine Gemeindevertretung, die dann ihrerseits die Wahl des neuen Presbyteriums vornahm. Es war für unsere Gemeinde Gemarke eine große Freude, daß sich 70% der Gemeinde in die Liste »Für Christus und die Gemeinde« einschrieben und daß die Deutschen Christen keine 30% der Stimmen bekamen. Damals bin ich als Achtzehnjährige mit den vielen anderen Helfern in die Wohnungen gegangen und habe mit den Menschen über diese Wahl gesprochen. Mit dieser großen Mehrheit konnte Gemarke später die Bekenntnissynoden zu sich einladen, die im Jahr darauf begannen.

Aber wie sah es in den anderen Gemeinden aus? Fast überall hatten die Wahlen eine Mehrheit von 80% für die Deutschen Christen erbracht. Diese Gemeindevertretungen wählten ihrerseits die nächsthöheren Gremien, in denen sich durch diese Wahl zwangsweise eine Zweidrittelmehrheit für die Deutschen Christen ergab. So konnte im September 1933 die Reichssynode in Wittenberg Ludwig Müller zum obersten Bischof der evangelischen Kirchen wählen. Es ist seitdem viel darüber nachgedacht worden, wie es möglich war, an einem einzigen Tag durch eine Wahl unter solchen Bedingungen eine ganze Kirche zu zerstören. Eine Ursache war sicher, daß Hitler selbst am Vorabend der Wahl im Rundfunk dazu aufforderte, diesmal die Deutschen Christen zu wählen.

Für viele Christen waren diese Wahlen ein Grund zu größter Besorgnis. Sie sahen sich das Siegel des Reichsbischofs an, das in der Mitte das Kreuz und unten das Hakenkreuz hatte. Von allen Seiten trafen sich im Herbst 1933 Pfarrer und Presbyter, um den Kampf gegen eine Kirchenleitung zu beginnen, die völlig in der Hand der Deutschen Christen war – und die dazu noch das Gesetz auf ihrer Seite hatte.

In diese Zeit fällt für mich aber auch eine ganz andere Geschichte. Sie begann im Januar 1933. Am 1. Januar kam ein neuer Vikar in unser Haus. Wir kannten seinen älteren Bruder, der zwei Jahre vorher bei uns gewesen war. Auch seine Eltern hatten uns besucht. Der Vater war Pfarrer in der Nähe von Hamburg; er war 1922 mit seiner zweiten Frau und den Kindern aus Südrußland geflüchtet. Der neue Vikar war schnell heimisch geworden in unserer Familie. Ende Januar betrachteten wir einmal zusammen ein Kalenderblatt mit der Plastik des Expressionisten Wilhelm Groß. Sie hatte den Titel »Gethsemane-Christus«. Es entspann sich eine lebhafte Diskussion. Während der Vikar mit diesem Bild nicht viel anfangen konnte, weil er sich über die seiner Meinung nach falschen Proportionen ärgerte, war ich vom Ausdruck des leidenden Christus beeindruckt. Wir nahmen uns vor, jeder eine Bildbetrachtung aufzuschreiben und sie uns gegenseitig vorzulesen. Wenn ich die beiden Blätter heute betrachte, dann fällt mir auf: Im Gegensatz zu meiner Schrift, die wie ein einziges Fragezeichen an die Welt daherkommt, ist seine Schrift harmonisch und gleichmäßig. Er schien die Welt denkend zu begreifen, während in mir immer noch ein Aufruhr der gegensätzlichen Gefühle tobte. Trotzdem hatte ich das Kunstwerk besser verstanden, und er hatte sich meinen Versuch nachdenklich angehört.
Im Mai verlobten wir uns. Das wurde ein Sommer, den ich nie vergessen werde – die Wanderungen durch das Deilbachtal und den Duft des Geißblattes. Er erlebte in unserem Haus den Anfang des Kirchenkampfes und vertrat meinen Vater, der nach der Kirchenwahl vor Überanstrengung eine Stimmbandlähmung bekam und deshalb früh in Urlaub fahren mußte. Wir beiden Verlobten verbrachten den August bei seiner Familie in der Heide. Morgens halfen wir seinem Vater, der Hunderte von Arierausweisen auszustellen hatte.

Wir suchten in den alten Kirchenbüchern nach den Taufurkunden von Eltern und Großeltern und stellten Bescheinigungen aus. Wir dachten uns nichts dabei. In jenem Sommer war der Ariernachweis für alle Beamten die einzige Möglichkeit, ihren Arbeitsplatz zu behalten. Tausende von Ärzten, Richtern, Staatsanwälten und Lehrern verloren damals ihre Arbeit.

Nach dem Mittagessen nahmen wir oft die Räder und fuhren aufs Land. Nie wieder habe ich so viel bienenumsummte Heide gesehen. Wir lasen zusammen den Philipperbrief und führten unendliche Gespräche über das, was uns in dem fernen Land Brasilien erwartete. Denn dort sollte er zunächst Vikar und später Pfarrer einer deutschen Gemeinde werden. Wir wußten, wie kurz und begrenzt die Zeit unseres Zusammenseins war. Im September feierten wir unsere Verlobung in Wuppertal, und am 10. November fuhr das Schiff aus dem Hamburger Hafen. Als ich allein zu seiner Familie zurückkehrte, wurde ich liebevoll aufgenommen.

Mitte November kehrte ich dann in mein Elternhaus zurück. Inzwischen war viel geschehen. Da der Arierparagraph auch für die Kirchen galt, gab es eine Reihe von Pfarrern, die ihren Dienst quittieren mußten. Pastor Martin Niemöller aus Berlin-Dahlem, ein neuer Freund meines Vaters, gründete den »Pfarrernotbund«, dem mehr als 8000 evangelische Pfarrer beitraten. Sie überwiesen monatlich Geld, das den ohne Pension abgesetzten Pfarrern zugute kam. Pastor Niemöller besuchte jeden Monat seinen alten Vater in Elberfeld und kam bei dieser Gelegenheit zu uns in den Klingelholl. Er war ein junger, feuriger Mann, dessen Stimme manchmal durch das ganze Haus schallte. Wir spürten, wie sehr er unter dem Kirchenstreit litt. Manchmal sagte mein Vater nach solch einem Besuch: »Ich mußte Martin beruhigen. Er wollte unbedingt aus dieser maroden Kirche austreten.«

Mitte September trafen sich in Elberfeld einige reformierte Pfarrer und Professoren, die in aller Heimlichkeit einen neuen »Bund« gründeten. Um das Verbot einer Neugründung zu umgehen, erinnerten sie sich an den Gelehrten Johannes A. Lasko aus Prag, der vor 400 Jahren als Flüchtling nach Emden kam und die Pfarrer der neuen reformierten Gemeinden zu einem Bund zusammenfaßte. Der »Coetus reformierter Prediger«, gegründet 1544, war also scheinbar kein neuer Verein, sondern ein Rückgriff auf einen alten bestehenden Kreis. In Wirklichkeit war der Name eine Tarnung. Diese Pfarrer trafen sich in kleinen Gruppen zum Bibelstudium und zur Besprechung der kirchlichen Lage. Es war ihnen wichtig, nicht nur gegen eine häretische Glaubensrichtung zu kämpfen, sondern für die Erneuerung der Kirche zu leben und zu arbeiten. Schon bald kamen lutherische und unierte Pfarrer und Presbyter dazu. Der wichtigste Zweck dieses Zusammenschlusses war die gegenseitige Orientierung. Da keine Zeitung Nachrichten aus der Kirche bringen durfte, wurden alle Mitglieder durch einen vervielfältigten Coetusbrief benachrichtigt und über Verhaftungen, Absetzungen und Ausweisungen ihrer Pfarrer ins Bild gesetzt. »Wenn wir nichts voneinander wissen, dann können wir auch nicht füreinander beten.« Später fiel meinem Vater, der der Vorsitzende des Coetus war, auch die Berichterstattung über die Bekenntnissynoden zu. Schon nach kurzer Zeit nannte man ihn den »Pressebischof« der Bekennenden Kirche, und unser Pfarrhaus bekam den Namen »Unseres Herrgotts Kanzlei«.

In den ersten Monaten des Kirchenkampfes fällten meine Eltern eine Entscheidung. Sie beschlossen, ihre Kinder in den Kampf mit einzubeziehen. »Sie sollen so viel wie möglich wissen«, sagte mein Vater, »nur dann können sie zu uns halten.« Ich sehe noch die entsetzten Augen von Pastor Lic. Niesel, als er dem Geplauder der Kinder entnehmen mußte, daß sie Geheimnisse wußten, die gefährlich waren. Als jemand einmal beschwörend meinem Vater vorhielt: »Denken Sie doch an Ihre Familie!«, da anwortete mein Vater: »Meine Familie denkt wie ich.«

Die Coetusbriefe nudelten wir Kinder auf dem Speicher auf einer vorsintflutlichen Vervielfältigungsmaschine durch. Die Leitung hatte der Hausmeister des Klingelholler Gemeindehauses, der auch später mit zuständig für den Transport war, Adolf Frielinghaus. Mit diesen Coetusbriefen begann ein Versteckspiel, das wir Kinder zunächst lustig fanden. Auf die Briefumschläge ließ mein Vater zum Beispiel einen springenden Hirsch drucken, damit man annehmen mußte, hier handle es sich um eine Jägervereinigung. In jeden Briefkasten durfte man nur zwei Briefe desselben Formats werfen – das bedeutete lange Wanderungen durch die Stadt. Als auch diese Methode später zu gefährlich wurde, mußte man den Transport in Lkws durchführen, die man zur Tarnung mit Margarinepostern oder Persilreklame beklebte.

Zum 6. November 1933 erschien die erste Ausgabe eines kirchlichen Wochenblattes. Es wurde von drei Pfarrern, die freundschaftlich miteinander verbunden waren, herausgegeben. Der Schriftleiter war Lic. Klugkist Hesse, Elberfeld. Ihm zur Seite standen Peter Bockemühl, Cronenberg, und mein Vater. Bis zum Jahre 1936, als es endgültig verboten wurde, konnte dieses Blatt vielen Menschen Hilfe und Trost aus dem Wort Gottes bringen und vor allem Aufklärung über manches, was in der Kirche vor sich ging.

Als ich am 15. November aus Hamburg nach Hause kam, fand ich meine Eltern in großer Aufregung vor. Sie erzählten mir von einer Kundgebung der Deutschen Christen, die im Berliner Sportpalast stattgefunden hatte. Der Gauleiter der Deutschen Christen in Berlin, Dr. Reinhold Krause, hatte vor 25 000 Menschen eine Rede gehalten, die bald in ganz Deutschland verbreitet wurde. Sie begann mit der obligatorischen Führerverehrung. Aber was dann kam, konnten wir zuerst nicht fassen. Wir lasen:

Der Strom der in die Kirche Zurückkehrenden muß erst gewonnen werden. Dazu ist Heimatgefühl notwendig, und der erste Schritt zu diesem Heimischwerden ist *Befreiung von allem Undeutschen* im Gottesdienst und im Bekenntnismäßigen. *Befreiung vom Alten Testament und seiner jüdischen Lohnmoral,* von diesen Viehhändler- und Zuhältergeschichten. Mit Recht habe man dieses Buch als eines der fragwürdigsten Bücher der Weltgeschichte bezeichnet.

Mein Vater sagte:»Mit dieser Rede haben sich die Deutschen Christen selbst entlarvt. Alle ihre frommen Beteuerungen helfen ihnen nichts. Sie wollen alles Jüdische aus der Bibel entfernen und die Judenchristen aus unseren Gemeinden ausstoßen. Nun werden vielen die Augen aufgehen und sie werden sich von dieser Bewegung trennen.«

In den nächsten Wochen konnte man überall in kirchlichen Zeitschriften Namen von Pfarrern und Presbytern lesen, die öffentlich ihren Austritt aus der»Glaubensbewegung Deutsche Christen« erklärten. Später wurden gerade diese Pfarrer oft die Tapfersten in ihrem Kampf gegen die Zerstörung der Kirche.

Aber was half das alles? Durch die Kirchenwahlen im August und September 1933 waren die Strukturen in der Kirche der Altpreußischen Union festgelegt und an der Spitze – z. T. bis 1945 – die Deutschen Christen mit ihrem Reichsbischof Ludwig Müller.

1934
Das Jahr der »Barmer Erklärung«

Am Neujahrstag 1934 begleiteten mein Bruder Karl und ich meinen Vater in die Immanuelskirche. Er war sehr ernst und erinnerte uns unterwegs an das, was wir in den letzten Tagen in der Zeitung gelesen hatten: Reichsbischof Ludwig Müller hatte sich mit Baldur v. Schirach, dem Hitlerjugendführer, getroffen und mit ihm die Eingliederung aller evangelischen Jugendwerke in die HJ beschlossen. Es betraf die evangelischen Pfadfinder, den CVJM und die Bibelkreise der Jungen und Mädchen in den Gymnasien, insgesamt 700 000 Mitglieder der evangelischen Jugend.

Die große Kirche war dicht gefüllt. Der Predigttext lautete: »Suchet den Herrn, solange er zu finden ist, klopfet an, solange er nahe ist.« (Jes 55,6) Diese Predigt finde ich fast wörtlich ausgearbeitet in dem schwarzen Predigtbuch meines Vaters. Da heißt es:

> Wenn die Einordnung der christlichen Jugendverbände nicht rückgängig gemacht wird, können wir es bald aus dem Munde unserer Kinder hören, daß das Heil nicht in Jesus Christus, sondern in Blut und Rasse, in artgemäßem Glauben zu finden ist. Mit dieser Eingliederung ist die Kirche zur Hure des Staates geworden.

Dieser letzte Satz verbreitete sich wie ein Lauffeuer durch unsere Stadt. Einer der deutschchristlichen Presbyter verklagte unseren Vater beim Konsistorium in Koblenz, der obersten Kirchenbehörde im Rheinland. Das sollte noch schlimme Folgen haben.

Für uns sah das zunächst anders aus. Als der Mutter dieser »unglaubliche Ausdruck« zu Ohren kam, war sie zu Tode

40

erschrocken und geradezu außer sich vor Scham und Verzweiflung. Wie konnte der Vater solch einen Ausdruck gebrauchen, dazu noch auf der Kanzel! Als er uns allen deutlich zu machen versuchte, daß dies die Ausdrucksweise der Propheten im Alten Testament gegenüber Israel sei (vor allem bei Hosea), tröstete sie das kein bißchen. »Damit bist du ins Politische abgerutscht, und das darf nicht geschehen.« Dann verstummte sie und versank in tiefe Schwermut. Es lag eine dunkle Wolke über unserem sonst so glücklichen Elternhaus. Wir Kinder waren ratlos. Wir hatten noch nie erlebt, daß die Eltern sich nicht mehr verstanden. An diesem Abend blieben sie allein im Studierzimmer. Lange sprachen sie miteinander. Schließlich fragte die Mutter: »Muß das alles sein?« und der Vater antwortete: »Es geht nicht anders! Die Gemeinde muß gewarnt werden, denn die innerste Substanz unseres Glaubens ist angetastet...« Von diesem Gespräch hat die Mutter mir oft erzählt. Sie hatte begriffen, worum es ging und ist in ihrem Glauben nie mehr wankend geworden.

Einige Wochen später hielt Pfarrer Graeber aus Essen eine berühmt gewordene Predigt über Abrahams Auszug. In diesem Text stand der Satz: »Und Sara zog mit.« Wie war es heute? Würde Sara heute mit ihrem Mann, dem Bekenntnispfarrer, mitziehen? Bevor ein Pfarrer den Kampf um die Kirche aufnahm, mußte er zunächst seine Frau überzeugen. Ohne ihre Unterstützung war er der Übermacht des Staates nicht gewachsen.

Anfang Januar wurde der Bibelkreis, den mein Bruder Karl leitete, in eine Abteilung der Hitlerjugend, des sogenannten Jungvolkes, umgewandelt und er zum Jungvolkführer ernannt. So geschah es mit allen bündischen Kreisen. In einer Nacht traf er sich mit seinen Freunden an einem heimlichen Ort. Sie vergruben ihre weiße Fahne mit dem schwarzen Kreuz. Sie spürten, daß eine wichtige Zeit ihrer Jugend damit zu Grabe getragen wurde. Später erkannten sie, daß es doch noch eine Möglichkeit gab, die Arbeit fortzuführen. Die sogenannte »Gemeindejugend«, die Jugendkreise, die sich in einem Gemeindebezirk versammelten, waren weiterhin erlaubt. Allerdings gab es strenge Auflagen: Es durfte nur Bibelarbeit gemacht werden und man durfte nur christliche Lieder singen. Niemand konnte ahnen, daß daraus eine lebendige Jugendarbeit erwachsen würde, ein stilles Gegenprogramm zu dem, was in der HJ geschah.

Neben unserem Pfarrhaus lag das Gemeindehaus, in dem sich vom 3.–4. Januar 1934 mehr als 300 Pfarrer und Presbyter trafen. Viele Hände regten sich, um die Gäste zu versorgen. Wer mithalf, durfte bei den Beratungen zuhören. So habe ich einen starken Eindruck von den heißen Diskussionen bekommen. Es war die erste Bekenntnissynode, ein Vorbild für die berühmte Synode im Mai in unserer Gemarker Kirche. Karl Barth nahm an dieser ersten Synode teil und verfaßte eine Erklärung, die einstimmig angenommen wurde. In dieser Erklärung vom 4. 1. 1934 gibt es einen erstaunlichen Passus, den viele inzwischen vergessen haben. Karl Barth wandte sich gegen den Arierparagraphen in der Kirche und betonte in seinem umständlichen Deutsch:

> ...als sei es mit der Botschaft und Gestalt der Kirche vereinbar, die Gliedschaft und Befähigung zum Dienst in ihr auf die Angehörigen einer bestimmten Rasse zu beschränken...

Am Abend des 4. Januar trafen sich etwa 3000 Menschen in der Gemarker Kirche und im Gemeindehaus Gemarke, wohin der Vortrag durch Lautsprecher übertragen wurde. Zum 450. Geburtstag des Reformators Ulrich Zwingli hielt Karl Barth einen Vortrag über das Thema »Gottes Wille und unsere Wünsche«. Über diesem Vortrag stand ebenso wie über der ganzen freien Synode das Wort Zwinglis: »Tut um Gottes willen etwas Tapferes«.

Am selben Tag, dem 4. Januar 1934, an dem sich in Wup-

pertal eine große kirchliche Opposition bildete, eine neu-
erwachte christliche Gemeinde, gab Reichsbischof Ludwig
Müller einen Erlaß heraus, der sofort den Namen »Maul-
korberlaß« bekam. Unter Androhung von schweren Diszi-
plinarstrafen und Berufsverbot untersagte er jegliche öffent-
liche Kritik an der Kirchenleitung und jedes politische Wort
von der Kanzel. Dagegen erhob sich in vielen Kirchenge-
meinden ein Sturm der Entrüstung. Briefe und Telegramme
wurden nach Berlin geschickt. Auch die Eingliederung der
evangelischen Jugend in die Hitlerjugend wurde nicht so einfach hingenommen. Als Pastor Wilhelm Busch in Essen im
Namen von 10000 Jugendlichen gegen die zwangsweise Eingliederung in die HJ protestierte, wurde er sofort aus seinem Amt entlassen.

In den letzten Januartagen kamen die ersten Briefe aus Brasilien an. Mein Verlobter berichtete über die neue Arbeit in
den deutschen Gemeinden, seine Mitarbeit beim Verein für
das »Deutschtum im Ausland«, aber auch von halsbrecheri-
schen Wanderungen durch Urwälder mit seltenen Orchi-
deen und zauberhaften Schmetterlingen. Wir hatten ausge-
macht, daß ich am 1. Februar eine Kurzausbildung in Säug-
lings- und Wochenpflege im Diakonissenhaus Detmold
machen sollte, um allen Schwierigkeiten in den Urwäldern
Brasiliens gewachsen zu sein.
Das war eine neue Welt, die sich mir da auftat. Das Elend
der unehelich geborenen Kinder und ihrer Mütter machte
mich traurig, aber die Pflege der Kleinen, das Spielen und
Singen mit ihnen lernte ich rasch. Schon nach einem Monat
wechselte ich in das Frauenheim über, half bei den Gebur-
ten, badete die Neugeborenen und pflegte die jungen Mütter. Hier lernte ich das Einfügen in eine große Gemein-
schaft. Das Leben im Diakonissenhaus mit seinen Andach-
ten und dem schönen Schwesternchor gefiel mir. Trotzdem
gingen diese Monate fast über meine Kraft. Der Dienst vom
frühen Morgen bis zum späten Abend forderte mich ganz,

aber da waren auch die Sorgen um das Elternhaus und schließlich das zweite Leben und Denken an das ferne Land Brasilien und den Verlobten dort.

Am 18. März sollte meine Schwester Waltraut konfirmiert werden. Als ich am Samstagmittag vom Bahnhof nach Hause kam, war es merkwürdig still im Haus. Ich stürmte sofort hinauf ins Studierzimmer und fand meinen Vater am Schreibtisch sitzen. Vor ihm lag das Schreiben des Konsistoriums, das ihm die Mitteilung machte, er sei in den einstweiligen Ruhestand versetzt worden. Das war die Folge der Neujahrspredigt. Nun kam auch die Mutter dazu. Wir wußten ja alle, wie schwach ihr Herz war, wie oft sie von schweren Migränen gequält wurde und tagelang im dunklen Zimmer liegen mußte. Aber in solchen Situationen, wo wir alle ratlos und verzweifelt waren, zeigte sie eine unerwartete Stärke und Glaubenskraft. »Der so viel an uns getan, hat noch mehr im Sinn«, konnte sie dann eine Liedstrophe zitieren. Meist behielt sie recht.

Am nächsten Morgen wanderten wir alle miteinander zur Gemarker Kirche zu Waltrauts Konfirmation. Waltraut war den Eltern besonders ans Herz gewachsen. Sie wurde im dunklen Herbst 1918 geboren und hatte in der Kindheit viele schwere Krankheiten durchgemacht. Sie brauchte besonders viel Liebe und Pflege und wurde deshalb manchmal von den Geschwistern beneidet.

Als Predigtlied hatte der Vater das Lieblingslied meiner Mutter ausgewählt: »Ich steh in meines Herren Hand und will drin stehen bleiben.« Der Predigttext paßte genau in unsere Situation: »Man fand keinen Schaden an Daniel, denn er hatte seinem Gott vertraut.« (Dan 6,24b) Als wir am Nachmittag alle zusammensaßen, erinnerte uns der Vater daran, daß an diesem Nachmittag 30000 evangelische Christen in Dortmund in der Westfalenhalle erwartet wurden, die einen »Gemeindetag unter dem Wort« feierten.

Am Montagabend versammelte sich das Presbyterium. Es

sprach seinem Pfarrer das Vertrauen aus und fügte hinzu: »Wir werden auch für Ihre Familie sorgen...« Unser Vater erzählte uns das voller Dankbarkeit. Er erinnerte aber auch an die Pfarrer, die in einem solchen Fall ihre Gemeinde verlassen mußten, weil ihr Presbyterium, das oft bis zu 80% aus Deutschen Christen bestand, sie nur zu gerne gehen ließ. Bei der Gelegenheit fügte er hinzu: »Haben wir wohl genug an die Menschen gedacht, die aus politischen Gründen ihre Arbeit verlassen mußten – und an die vielen Nichtarier, die schon längst aus ihren Ämtern entfernt worden sind?«

Als das Presbyterium später vom Konsistorium abgesetzt wurde, legten die Männer Protest ein und arbeiteten ungehindert weiter. Ohne weitere Verhandlungen wurde der Vater nach einem Jahr wieder in sein Amt eingesetzt. Inzwischen fuhr ich zurück nach Detmold und begann mit der Nachtwache im Frauenheim.

In den Briefen meiner Eltern finde ich einige Notizen von Fahrten nach Frankfurt und Ulm, von Kontakten mit den Bischöfen der Lutherischen Kirchen und schließlich von der Vorbereitung einer großen Synode, die in unserer Gemarker Kirche stattfinden sollte.

Für die Tage vom 29.–31. Mai befreite der Direktor des Dörpfeld-Gymnasiums den Oberprimaner Karl Immer vom Unterricht, damit er zusammen mit dem jungen Vikar H. Thimme, dem späteren westfälischen Präses, bei der Synode als Helfer fungieren konnte.

Später schrieb mein Bruder über dieses Erlebnis:

Es ist interessant, als letzter Mann bei großen Dingen dabei zu sein. Man hat keine Verantwortung und kann doch viel sehen. Die Nacht vom 30. zum 31. Mai war die lebendigste.

Nachdem der Sprecher des theologischen Ausschusses, der holsteinische Pastor Hans Asmussen, seinen Vortrag gehalten hatte, wurden die Thesen bis in die Nacht hinein beraten. Karl Barth, Asmussen, Merz, Niesel, Obendiek,

45

Putz und Beckmann saßen viele Stunden beieinander. Asmussen sagte später: »Die Erinnerung an diese Stunden der Beratung gehören zu den schönsten und reichsten meines Lebens.«

Und dann, in früher Morgenstunde, wurde einer gesucht, der mit einer Schreibmaschine fertig wurde. Es war keiner mehr da, so mußte ich mit dem bekannten Zwei-Finger-System aushelfen. Ich weiß nicht mehr, welche Mühe und Not die Schreibmaschine und Pastor Asmussen mit mir hatten, aber auf jeden Fall: Ich schrieb die Barmer Erklärung.

Am Tag nach der Barmer Synode fuhren meine Eltern nach Bethel, um sich im Hause der ältesten Schwester meines Vaters zu erholen. Sie besuchten mich in Detmold und nahmen sich Zeit, mir genau zu erzählen, was sich zugetragen hatte. Unvergeßlich ist mir das Augenzwinkern, mit dem mein Vater vom Zustandekommen der Synode erzählte. Er habe dem bayerischen Bischof Meiser vorgeschlagen, die Synode in München stattfinden zu lassen. Aber der habe abgewinkt. »Unsere Gemeinden in Bayern sind auf solch ein Ereignis noch nicht vorbereitet. Ich möchte eher an Wuppertal denken.« Da lud mein Vater die Synode in seine Gemeinde Gemarke ein. Für Freiquartiere und Verpflegung würde gesorgt sein. Er übernahm auch die Berichterstattung, zwei Hefte, die illegal gedruckt werden mußten. Zu den kostbarsten Stücken meiner Sammlung über den Kirchenkampf gehört das Heft mit den Berichten über diese Synode. Im Vorwort meines Vaters lese ich da:

Wer beides, Vorträge und Zeugnis aufmerksam liest, wird den verhaltenen Jubel derer heraushören, die nach langer Wüstenwanderung bekennen gelernt haben: »Alle meine Quellen sind in dir.«

Als Motto hatte er auf die erste Seite ein Wort von Calvin gesetzt:

»Durch keine Menschenfurcht noch Menschengefälligkeit dürfen wir uns etwas abdingen lassen von der ganzen Entschiedenheit unseres Bekenntnisses. Mutet man uns irgendeine Verleugnung zu, so ist die einzige Antwort, die sich ziemt: lieber sterben!«

Es war das erste Mal seit der Reformation, daß sich lutherische, reformierte und unierte Kirchenführer zu einer gemeinsamen theologischen Erklärung zusammenfanden. Der westfälische Präses Koch leitete die Verhandlung. In seiner Eingangsansprache lese ich die Worte:

Wir sind hier zusammengetreten als die *»Bekenntnissynode der Deutschen Evangelischen Kirche«*. Das möchte manchem als ein großes Wagnis erscheinen. ... Ich sehe das Urteil, daß es sich um ein Wagnis handelt, echt begründet in dem großen Anspruch, den wir damit erheben, Bekenntnissynode der Deutschen Evangelischen Kirche zu sein. ... Die derzeitige Kirchenregierung hindert durch ihr Handeln den Frieden, da sie sich nicht auf Vertrauen, sondern auf Gewalt stützt, an die Stelle von Recht Willkür setzt, das Bekenntnis nicht hütet, sondern verletzt, die Bekennende Kirche, nicht die Feinde der Kirche bekämpft.

Den Vortrag über die theologische Erklärung hielt Pastor Hans Asmussen aus Hamburg-Altona. Die theologische Erklärung von Barmen, im wesentlichen von Karl Barth verfaßt, ist inzwischen in alle Weltsprachen übersetzt worden. Einige Kirchen, vor allem in Asien, haben aus ihr ein Bekenntnis gemacht, das auch für sie verpflichtend ist. In mehreren deutschen Landeskirchen (z. B. im Rheinland und in Westfalen) werden die Pfarrer bei der Ordination noch heute auf das Barmer Bekenntnis verpflichtet. Es gibt in unseren Gemeinden Konfirmanden, die den ersten Satz des Barmer Bekenntnisses auswendig lernen:

Jesus Christus, wie er uns in der Heiligen Schrift bezeugt wird, *ist das eine Wort Gottes,* das wir zu hören, dem wir im Leben und im Sterben zu vertrauen und zu gehorchen haben.

Wer die Gegenthese zu diesem Satz liest, der weiß sofort, was gemeint ist:

Wir verwerfen die falsche Lehre, als könne und müsse die Kirche als Quelle ihrer Verkündigung außer und neben diesem einen Worte Gottes auch noch andere Ereignisse und Mächte, Gestalten und Wahrheiten als Gottes Offenbarung anerkennen.

Das war ein Wort gegen den Führungsanspruch der Deutschen Christen und das Führerprinzip ihres Reichsbischofs Ludwig Müller. Die *Bekennende Kirche,* die aus der Barmer Bekenntnissynode hervorging, betonte immer wieder, die *eigentliche evangelische Kirche Deutschlands* zu sein, die durch die Kirchenwahlen im Juli 1933 durch eine nichtige Wahl zerstört worden sei. Vielleicht ist die Barmer Bekenntnissynode der deutschen evangelischen Kirche das größte kirchengeschichtliche Ereignis dieses Jahrhunderts gewesen. Ja, das war damals möglich: Ein abgesetzter Pfarrer lud die Abgeordneten der Bekennenden Gemeinden aus ganz Deutschland in die Gemeinde eines ebenfalls abgesetzten Presbyteriums ein.

Kaum waren an jenem Nachmittag des 2. Juni 1934 meine Eltern nach Bethel zurückgefahren, schrieb ich einen langen Brief nach Brasilien, um meinem Verlobten zu berichten. Würde er uns verstehen?

Einen großen Schock bekamen wir alle, als am 1. Juli 1934 die Nachricht vom Röhm-Putsch durch die Zeitungen ging. Der engste Mitarbeiter Hitlers, der Führer der SA, war mit vielen seiner Kameraden ermordet worden. Während die meisten Deutschen sich mit dem Urteil des alten Hindenburg zufriedengaben, der Hitler zu seinem schnellen Handeln gratulierte, da er größeres Unheil abgewendet habe, wurden viele von uns nachdenklich: Was war das für ein Staat, in dem Menschen ohne Recht und Gesetz ermordet wurden? Und was hatte General von Schleicher getan? Er war für zwei Monate der Vorgänger Hitlers als Reichskanzler gewesen. Auch ihn hatte man ermordet. Um ein Haar wäre auch mein Vetter Ferdinand Immer, der als Theologiestudent die SA-Uniform trug, auf der Straße von wilden SS-Männern erschlagen worden. Das machte uns noch kritischer. Von diesem Tage an änderte sich unser Verhältnis zum neuen Staat. Nie mehr konnte man sagen: »Der Führer weiß das nicht.« Er war ja persönlich dabeigewesen und hatte seine Begleiter selbst zum Morden veranlaßt.

Im August 1934 nahm mein Bruder Karl an einer Bibelfreizeit auf der Insel Baltrum teil. Als man dahinterkam, wurde er mit Schimpf und Schande aus der HJ ausgestoßen und zwangsweise in die SA versetzt. Er erzählt:

> Im Herbst 1934 habe ich mich bemüht, in die SS (!) aufgenommen zu werden. Die SA war – nach dem Röhm-Putsch – nicht diskutabel, aber in der SS, da war noch, wie man glaubte, die Sammlung der echten, der wahren, der reinen Vertreter des neuen Deutschlands; da waren die, denen es noch um Treue und Ehre ging! »Meine Ehre heißt Treue!« Sechs Monate lang bin ich bei einem Sturmführer, dem man den Spitznamen »der Pastor« gegeben hatte, SS-Anwärter gewesen. Mein Vater hatte wohl etwas seine Hand dabei im Spiel, daß ich gerade zu diesem Mann kam, der früher der Leiter des CVJM in unserem Gemeindebezirk gewesen war.

Anfang August kam ich aus Detmold nach Hause. Unsere Gemeinde befand sich in großem Aufruhr. Die fünf Deutschen Christen, die bei der Wahl im Juli 1933 in unser Presbyterium gekommen waren, hatten sich von der deutschchristlichen Kirchenbehörde Vollmachten besorgt und erschienen eines Tages auf dem Gemeindeamt. Sie verlangten von allen Mitarbeitern, sich innerhalb von 24 Stunden ihnen zu unterwerfen und dies durch ihre Unterschrift zu bestätigen. Sie forderten auch die Schlüssel zu allen Schränken und Schreibtischen und den Einblick in alle Kirchenbücher und Konten. Die Mitarbeiter lehnten das ab und eröffneten auf Wunsch des Presbyteriums ein neues, schnell angemietetes Gemeindeamt, wohin sie alle wichtigen Dokumente brachten. Es gab ein großes Hin und Her, das aber für die Gemeinde etwas Gutes bewirkte: Nach einem Rechtsstreit vor Gericht gewann das Presbyterium und bekam sein Gemeindeamt zurück. Solche Urteile waren 1934 noch möglich, später nicht mehr. Einige Wochen danach schloß das Presbyterium die fünf Deutschen Christen von der Teilnahme an den Sitzungen aus. In Briefen meines Vaters lese ich, wie sehr er darunter litt, daß diese Trennung stattfand. Er dachte daran, wie gut er früher mit diesen Männern zusammengearbeitet hatte. Erst viel später, als diese zur Bekennenden Gemeinde zurückgekehrt waren, konnte eine Versöhnung stattfinden.

Die Gemeinde Gemarke war aufgewacht. In Scharen ließen sich die Menschen in den »Bund für Bibel und Bekenntnis« aufnehmen, der in jenen Tagen entstand. Auch ich freute mich über die grüne Karte, die mir Eintritt zu allen Bekenntnisversammlungen verschaffte. Die Kirchen füllten sich, der Zusammenhalt unter den Menschen in der Gemeinde wurde enger, der Kirchengesang war kaum wiederzuerkennen – so kräftig und von Herzen hatten die Gemarker lange nicht mehr gesungen. Auch die Gottesdienstordnung war geändert worden. Plötzlich hatten die Männer und Frauen angefangen, das »Vater Unser« und das Glaubensbekenntnis laut mitzubeten. Das war keine Pastorenkirche mehr, sondern hier feierte eine mündige Gemeinde ihren Gottesdienst.

Daß die Beamten der Gestapo daran erkannt wurden, daß sie die Predigt mitschrieben, konnten sie nicht verhindern. Einer von ihnen sagte in der Weihnachtszeit: »Ich lese die Predigt, die ich nach Düsseldorf abliefern muß, zuerst immer meiner gelähmten Frau vor. Da hat sie mich neulich gewarnt und gesagt: ›Mann, sei vorsichtig! In meiner Bibel steht: Sie sind gestorben, die dem Kinde nach dem Leben trachteten...‹«

Mein Vater prägte uns ein, daß wir die Männer freundlich begrüßen sollten, wenn sie zu Verhören oder Hausdurchsuchungen kämen. »Sie werden ja dazu gezwungen! Wieviel lieber würden sie ›normale‹ Verbrecher verfolgen!« Die Beamten honorierten unsere Freundlichkeit damit, daß sie manchmal vor der Hausdurchsuchung flüsterten: »Herr Pastor, haben Sie nicht etwas, was für Sie nicht so schlimm ist? Das nehmen wir dann mit und können Ihr Haus in Ruhe lassen.« Wir kannten die Beamten alle mit Namen, und meine Schwester Alida saß in der Schule neben der Tochter eines Gestapo-Beamten, der öfter bei uns auftauchte.

Dies alles wurde anders, als später die SS die Gestapo übernahm. Da zitterte meine Mutter am ganzen Körper, als sie dem jungen SS-Mann den Schreibtisch ihres Mannes aufschloß. Da lag das Sparbuch, in das die illegal gesammelte Summe für ein Haus eingetragen war, das die Witwe von Paul Schneider haben sollte. Aber der Polizist nahm das Buch in die Hand und sagte: »Das ist wohl privat, nehmen Sie es an sich.«

Vom 18.–19. Oktober fand in Berlin-Dahlem in Martin Niemöllers Gemeindehaus die zweite Reichsbekenntnissynode der evangelischen Kirche Deutschlands statt. Einen Monat vorher hatte die feierliche Einführung des Reichsbischofs Ludwig Müler stattgefunden. Da die Bischöfe von Bayern (D. Meiser) und Württemberg (D. Wurm) sich weigerten, den Reichsbischof anzuerkennen, wurden sie kurzerhand zu Hausarrest verurteilt. Eine ungeheure Erregung erfaßte die Gemeindeglieder. Bayerische Bauern erschienen vor dem Reichstag in Berlin, um für ihren Bischof einzutreten. Die Dahlemer Reichssynode erklärte feierlich, daß sie die wahre Kirche in Deutschland repräsentiere. Aus dem Barmer Bekenntnis leitete sie ein »Notrecht« ab, das jetzt für alle bekennenden Christen verbindlich sein sollte. Nach der Barmer Bekenntnissynode hatte man einen Reichsbruderrat als Leitungsgremium gegründet. Nun beschloß man, auch eine kleinere »Vorläufige Leitung« herzustellen, deren Vorsitzender der lutherische Bischof Marahrens aus Hannover sein sollte. Mit dieser Wahl waren vier Mitglieder des Reichsbruderrates nicht einverstanden. Sie hatten zu Dr. Marahrens, der sich schon mehrere Male positiv zu Ludwig Müller geäußert hatte, kein Vertrauen. Das war der erste große Riß in der Bekennenden Kirche. Jenen vier Pfarrern widmete Karl Barth später ein Buch über das Glaubensbekenntnis: »Hermann Hesse, Martin Niemöller, Hans Asmussen und Karl Immer – und allen, die standen, stehen und stehen werden...«

Als Monate später die Vikare der Bekennenden Kirche an einer Zusammenkunft im Klingelholl teilnahmen, sangen sie ein Lied, das Heinrich Vogel gedichtet und vertont hatte. Heinrich Vogel war einer der führenden Köpfe und Vordenker der Bekennenden Kirche, der oft die einleitenden Referate auf den Bekenntnissynoden hielt. Pfarrer Vogel saß am Flügel, und die jungen Männer standen oben auf den Tischen um ihn herum, für mich ein unvergeßlicher Anblick. Schon bald konnte ich dies Lied mitsingen:

Das Regiment Marahrens marschierte nach Berlin
fünf Kommandeure warens, vorläufig, wie es schien.
Der lutherische Breite trat Humburg an die Seite,
Pandekten Fiedler noch, dazu der Präses Koch.

Von Barmen über Dahlem bewegte sich der Zug,
bis er bei Pseudo-Salem um eine Ecke bog.

Oh liebe quinque viri, laudabiles et miri,
bekenntnistreu und kühn: cavete vor Berlin!

Berlin ist voller Laster und trügerischem Schein,
betretet dieses Pflaster auch nicht mit einem Bein!
Ihr Herren Kommandeure beherzigt diese Löhre
und führet die Armee nicht in den Sumpf der Spree!

1935
Eine neue heidnische Religion

Das Jahr 1935 brachte unserer Familie eine große Freude. Vom Konsistorium kam die Nachricht, daß mein Vater und mit ihm viele andere Pfarrer wieder in ihr Amt eingesetzt worden seien – ohne weitere Erklärung. Diese Sicherheit belebte uns alle, besonders die jüngeren Geschwister.
Inzwischen waren in der Bekennenden Kirche neue Probleme aufgetaucht. Hatte sie in den ersten beiden Jahren des Kirchenkampfes hauptsächlich um die Kirche und ihre Ordnung gekämpft, so sah sie jetzt unser Volk in einer großen Gefahr. Alfred Rosenberg, einer der führenden Männer der Partei, war zum weltanschaulichen Leiter aller Nationalsozialistischen Verbände ernannt worden. Sein Buch »Der Mythus des 20. Jahrhunderts« war in aller Munde. Eine neue Religion, aufsteigend aus »Blut und Boden« und belebt von den alten Göttern der Germanen, sollte vor allem die Jugend »gottgläubig« machen. Zum 1. Januar 1935 war ein vom Reichsnährstand herausgegebener Bauernkalender erschienen, in dem alle christlichen Feste mit heidnischem Inhalt verknüpft wurden. Da heißt es z. B. zum Karfreitag: »Kar- oder stiller Freitag: Gedenken an die 4500 von Karl dem Schlächter ermordeten Sachsen und an die neun Millionen anderen ermordeten, totgefolterten und verbrannten Rechtskämpfer, Glaubenshelden, Ketzer und Hagdiesen (Hexen).« Über diesen Satz sagt Heinrich Vogel auf der Preußensynode in Dahlem am 4. März 1935:

Das ist alles, was dieser Bauernkalender am Karfreitag zu sagen hat. Ganz abgesehen von der Phantasie, die sich die neun Millionen errechnet hat, und auch abgesehen von der Geschichte mit den Sachsen, die eben nun doch etwas anders passiert ist, als sie uns heute dargestellt wird. Allein die Tatsache, daß das Kreuz Christi, unter das allein der Karfreitag versiegelt ist, hier in einem Kalender, dessen Vorwort ein Reichsminister geschrieben hat, einfach verschwiegen wird, macht es uns ganz unmöglich, uns dabei zu beruhigen, daß es sich hier nur um eine Privatmeinung handele. Mögen Rosenberg und Darrée oder Schirach und wie sie alle heißen, die zu diesem neuen Glauben stehen, persönlich glauben und bekennen, was sie persönlich zu verantworten haben, *über das deutsche Bauerntum und die deutsche Jugend und all die deutschen Brüder, die an den Weltanschauungskursen teilnehmen, vor der Versuchung und Gefahr zu warnen, gebietet uns die kirchliche Verantwortung.*

Später wurde man noch deutlicher. Das Neuheidentum gebrauchte gerne christliche Vokabeln. Hier ein Zitat aus einer Rede von Gauleiter Streicher am 23. 9. 1939:

Glauben heißt für wahr halten, was man nicht sieht. Der Große vor 2000 Jahren sprach: »Wer an mich glaubet, der wird selig werden.« Ich sage: »Wer an Adolf Hitler glaubt, der wird nicht erst selig, sondern der ist schon selig, hier auf dieser Erde.« Selig heißt glücklich sein. Wir brauchen keine Kirche mehr, wir hier sind Kirche. Wer an Adolf Hitler glaubt, der hat auf Felsen gebaut und nicht auf Sand. *Wir brauchen kein Christentum mehr. Der Nationalsozialismus ist die neue Religion. Wenn der Krieg zu Ende ist, dann räumen wir auf mit dem Christentum.*

Mit dieser neuen Religion war eine fast göttliche Verehrung für Hitler verbunden. So betete man bei der Speisung von Kindern in der NS-Volkswohlfahrt:

Führer, mein Führer, von Gott mir gegeben,
beschütz' und erhalte noch lange mein Leben.
Hast Deutschland gerettet aus tiefster Not,
Dir danke ich heute mein täglich Brot.
Bleib lange noch bei mir, verlaß mich nicht,
Führer, mein Führer, mein Glaube, mein Licht.
Heil mein Führer!

Rosenberg sagte in seinem »Mythus des 20. Jahrhunderts«:

Heute erwacht ein neuer Glaube, der Mythos des Blutes,
der Glaube, mit dem Blute auch das göttliche Wesen des
Menschen überhaupt zu verteidigen, der mit hellstem
Wissen verkörperte Glaube, daß das nordische Blut jenes
Mysterium darstellt, welches die alten Sakramente
ersetzt und überwunden hat.

Schon in den letzten Wochen des Jahres 1934 war es merkwürdig still um die Deutschen Christen geworden. Viele
hofften, daß die Bekennende Kirche nun endlich vom Staat
anerkannt werden würde, aber das geschah nicht. Auch
große evangelische Werke, z. B. die »Frauenhilfe«, schlossen sich der Bekennenden Kirche an.
Nun aber stand die Kirche Deutschlands einem neuen
Feind gegenüber, der Weltanschauung Rosenbergs. Am
4./5. März trafen sich die Vertreter der Altpreußischen
Union im Gemeindehaus Dahlem. Sie erarbeiteten ein
Wort an die Gemeinden, das am Sonntag, dem 17. März, in
allen Gottesdiensten vorgelesen werden sollte:

Wir sehen unser Volk von einer tödlichen Gefahr bedroht. Die Gefahr besteht in einer neuen Religion. Die
Kirche hat auf Befehl ihres Herrn darüber zu wachen,
daß in unserem Volk Jesus Christus die Ehre gegeben
wird, die dem Richter der Welt gebührt. Die Kirche
weiß, daß sie von Gott zur Rechenschaft gezogen wird,
wenn das deutsche Volk ungewarnt sich von Christus
abwendet.

Die Gestapo kam dahinter und ließ am Samstag, dem 16. März, jeden evangelischen Pfarrer von zwei Polizisten besuchen, die einen Revers vorlegten, der sinngemäß lautete: »Ich verspreche, das Wort der Dahlemer Synode nicht vorzulesen.« Wer diese Unterschrift nicht gab, wurde sofort abgeführt.

Mein Vater war gerade mit seinen Konfirmanden, die am nächsten Tag geprüft werden sollten, auf den Turm der Gemarker Kirche gestiegen. Als sie herunterkamen, wartete der Sohn des Nachbarpfarrers auf die Gruppe: »Sie haben eben meinen Vater ins Gefängnis mitgenommen!« Vater überlegte blitzschnell. Er mußte damit rechnen, daß auch in seinem Haus die Polizisten warteten. So ging er sofort zum Friedhof, wo er noch eine Beerdigung zu halten hatte.

Ich stahl mich unbemerkt aus dem Haus und wartete hinter einem Grabstein versteckt auf meinen Vater. Dann gingen wir miteinander in den Nordpark. Er überlegte: »Morgen früh muß wenigstens einer auf der Kanzel stehen. Danach kann ich mich ja bei der Polizei melden. Ich gehe jetzt allein in einen anderen Stadtteil und bleibe dort bei Freunden. Es ist besser, du weißt nicht, wohin ich gehe.« Plötzlich waren in Wuppertal alle Gefängniszellen überfüllt. Eine Panik ergriff die Beamten. Nachdem sie die Personalien aufgenommen hatten, ließen sie noch am selben Abend alle Pfarrer frei. So konnte jeder Pastor am Sonntagmorgen in seiner Gemeinde predigen. An jenem Nachmittag wurden in Deutschland mehr als 500 Pfarrer verhaftet. In Schlesien mußten sie acht Tage im Gefängnis bleiben.

Meine Schwester Alida schrieb über diesen Samstagnachmittag in ihrem Tagebuch. Aus ihren Sätzen spürt man die Erschütterung und die hilflose Sorge um den Vater und die beiden jüngsten Brüder, die erst 11 und 13 Jahre alt waren:

...So wie heute habe ich Vater noch nie gesehen. Seine

Augen schauten so traurig, aber doch liebevoll und fest entschlossen, den Kampf weiterzukämpfen.

Gerade kommen Adal und Udo ins Zimmer. Adal sagt ganz entrüstet:»Der Olle ist schon wieder da!« (Er meint den Polizisten.) Udo sagt:»Meine Zeit, der kricht se aber, wenn der Vater abführt.« Wie mögen die Kleinen wohl leiden, vielleicht, ohne daß sie es selber so wissen. Ich fürchte, sie leiden mehr unter dem allem, als wir uns das vorstellen können.

Von da ab spürten wir, daß unser Vater gefährdet war. Aber er hatte die Gabe, sich der Gefahr immer wieder zu entziehen. So hatte er kurze Zeit später an einem Abend eine Bekenntnisversammlung in Dortmund zu halten. Als er aus der Kirche trat, hielt ihm ein Gestapo-Mann seine Marke entgegen und fragte:»Ist Pastor Immer noch in der Sakristei?« Mein Vater antwortete freundlich:»Das beste ist, Sie sehen selbst einmal nach.« Damit war er im Dunkel verschwunden.

In jenen Tagen feierten wir im Dörpfeldgymnasium die Entlassungsfeier für die Abiturienten. Karl hatte zur Feier des Tages einen neuen, dunkelblauen Anzug bekommen. An diesem Nachmittag war er in seiner SS-Uniform wieder einmal unterwegs, um mit der Uniform einen Lkw zu beschützen, der mit illegalen kirchlichen Druckerzeugnissen bepackt war. Die Gegenwart eines SS-Mannes genügte, um vor jeder Kontrolle sicher zu sein. In der Gegend von Gummersbach hatten sie einen Motorschaden. Die Reparatur dauerte einige Stunden. Inzwischen hatte die Abiturfeier begonnen. Von Fanfarenklängen begleitet, zogen die Abiturienten ein. Einer fehlte. Mitten in die Rede des Direktors hinein öffnete sich die Tür, und sporenklirrend trat ein SS-Mann herein, der Sohn des Bekenntnis-Pfarrers. Karl hatte keine Zeit mehr gefunden, sich umzuziehen.

Als er sich später entschloß, Pfarrer zu werden, war er

damit automatisch aus der SS ausgeschlossen. Er war ja nie Mitglied gewesen, sondern nur SS-Anwärter.

Die dritte Reichsbekenntnissynode wurde von der Bayerischen Kirche in Augsburg vorbereitet. In jenen Wochen stand Karl Barth vor der Frage, in seine Heimat Basel zurückzukehren und dort Professor an der Universität zu werden. Er hatte den Beamteneid auf Hitler nur mit einem Zusatz leisten wollen: »Soweit ich es als evangelischer Christ verantworten kann.«
Daraufhin war ihm vom Innenminister gekündigt worden. Alle Versuche einiger Brüder, ihn für eine neue theologische Hochschule der Bekennenden Kirche zu gewinnen, schlugen fehl.
Außerdem gab es eine böse Verstimmung zwischen den süddeutschen Bischöfen und Karl Barth. Als Mitglied der Sozialdemokratischen Partei der Schweiz galt er ihnen als »politisch unzuverlässig«. Sie ließen wissen: »Wenn Karl Barth nach Augsburg kommt, dann verlassen wir die Synode.« Damals tat mein Vater in seinem Willen zum Frieden etwas, was er sich später nie verzeihen konnte. Er fuhr allein zu Karl Barth und bat ihn, der Synode fernzubleiben. Er mußte damit rechnen, daß dies einen Keil in die beginnende Freundschaft zwischen ihnen treiben würde. Aber es geschah genau das Gegenteil. Karl Barth verstand meinen Vater und verzieh ihm. Auf dem Boden dieses Neuanfangs wuchs eine Freundschaft, die ein Leben lang gehalten hat. »Karl Immer ist mein Seelsorger...« konnte Karl Barth bekennen.
Auf der Synode in Augsburg fand eine Versöhnung zwischen den Amtsbrüdern statt. Die vier Pfarrer Asmussen, Niemöller, Dr. Hesse und Immer, die im Herbst 1934 ausgetreten waren, nahmen wieder ihre Plätze im Reichsbruderrat ein.

Am 30. Juni 1935 schrieb Karl Barth einen Brief an Dr. Hermann Hesse, den Moderator (Leiter) des Reformierten Bundes in Deutschland. Er wurde im Coetusbrief abgedruckt und verschickt. Meine Mutter und ich lasen ihn gemeinsam. Da standen Sätze, bei denen wir Angst bekamen. Es war die Rede von Gewalt und Unrecht in unserem Staat, ohne daß sich eine Stimme dagegen erhebe. Eines Tages würde die Kirche ihre Echtheit darin erweisen, daß sie in ihrem Gebet »um Befreiung von fluchwürdiger Tyrannei würde bitten müssen«. Dann heißt es schließlich: »Sie (die Kirche) hat für Millionen von Unrecht Leidenden noch kein Herz. Sie hat zu den einfachsten Formen der öffentlichen Redlichkeit noch kein Wort gefunden.«

Wir fragten uns: »Steht es schon so ernst in Deutschland? Dabei lesen wir doch jeden Tag in den Zeitungen die Erfolgsmeldungen vom schnellen Aufbau in Deutschland, von den Autobahnen und von der Hoffnung, die Tausende beflügelt.« Immer wieder war die Rede von dem »frenetischen« Jubel, der die Reden Hitlers begleitete. Damals lernten wir, durch alle Fassaden hindurchzusehen und die Gefahr zu erkennen, die uns allen drohte. Damals hörte ich meinen Vater sagen: »Das Schlimmste ist, daß Hitler die Seele unseres Volkes vergiftet.«

Am 1. Juli schrieb Karl Barth einen Brief, diesmal an meinen Vater. Diesen Brief las Vater uns vor:

...Es gibt in Deutschland draußen eine ganze Reihe von Menschen, die ich erst im Lauf dieser beiden letzten stürmischen Jahre richtig kennen, achten und lieben gelernt habe, und ich denke, daß Sie es mir angemerkt haben, daß dazu vor allem auch Sie gehören. Sie und ich sind reichlich verschiedenartige Geschöpfe des lieben Gottes und in normalen Zeiten würden wir wohl nach kurzer gegenseitiger Beschnupperung mehr oder weniger achtlos aneinander vorübergegangen sein. Nun ist es anders gekommen. Ich jedenfalls habe alle Begegnungen mit Ihnen, die ich in dieser Zeit haben durfte, in heller, ja fröhlicher Erinnerung und denke, daß die zwischen uns entstandene Genossenschaft, so oder so, erhalten bleiben wird...

Wir sollten Karl Barth noch einmal in Wuppertal wiedersehen. Im Oktober fand die theologische Woche statt, zu der sich Hunderte angemeldet hatten. Den Hauptvortrag hatte Karl Barth übernommen. Sein Thema lautete: Evangelium und Gesetz. Als er gerade die Kanzel der Gemarker Kirche besteigen wollte, kamen Männer der Gestapo nach vorne und riefen ihm mit lauter Stimme zu, er habe Redeverbot und dürfe seinen Vortrag nicht halten. Da drückte Karl Barth sein Manuskript seinem Freund Karl Immer in die Hand, der nahm das Schriftstück und bestieg die Kanzel. Mit Schrecken sah er, daß überall Verbesserungen in der winzigen Handschrift Barths hineingeschrieben waren. So kam der Vortrag manchmal ins Stocken. Später sagte mein Vater aufatmend: »Bei der Lesung ging es mir wie Abraham: Er zog aus und wußte nicht, wo er hinkäme.« Nachmittags wurde Karl Barth noch einmal von zwei Beamten gestellt: »Hier ist Ihr Ausweisungsbefehl. Wir haben die Aufgabe, Sie bis an die Schweizer Grenze zu bringen...«
In diesem Augenblick stand ich zufällig neben Karl Barth. Er war eine imponierende Erscheinung. Vor allem beeindruckten mich die blitzenden Augen und das spöttische Lächeln, mit dem er die Beamten ansah. In seinem Schwyzerdeutsch sagte er zu den Männern: »Ich bin Ihnen hier wohl unerwünscht?« Aber in diesem Spott lag zugleich eine Güte, er wußte sich auch mit diesen Männern solidarisch. Am liebsten hörten wir Karl Barth predigen. In seinen Worten lag ein großer Ernst, eine Überzeugungskraft, die wir nie vergessen konnten.
Ich hatte an jenem Morgen nicht viel verstanden. Aber einige Wochen später saß ich allein in meinem Zimmer, den Bleistift in der Hand, und las den Vortrag über »Evangelium und Gesetz« noch einmal durch. Da ging mir eine

Erkenntnis auf, die in ihrer Wirkung mein ganzes Leben begleitet und bestimmt hat. Wer Christ wird, der erfährt zuerst die Botschaft von der Hinwendung Gottes zu den Menschen, das Evangelium. Die Erfahrung der Liebe Gottes verwandelt uns. Erst dadurch werden wir fähig, das zu tun, was unsere Aufgabe ist, das Gesetz. Diese Einstellung hat große Auswirkungen, z. B. für unsere Art, mit Menschen umzugehen. Ich habe damals niemandem etwas von diesem Erlebnis erzählt. Aber später freute ich mich darüber, daß Karl Barth mit seiner Botschaft auch junge Christen wie mich erreichen und verwandeln konnte.

Im Sommer 1935 wurde mein Bruder Karl nach dem Abitur zum Arbeitsdienst eingezogen. Er gab seinen Geschwistern humorvolle Schilderungen vom Beginn der Menschenerziehung im 3. Reich unter dem Motto: »Gelobt sei, was hart macht.« Lange bangten die kleinen Brüder mit ihm, ob er wohl im September am Reichsparteitag in Nürnberg teilnehmen dürfe. Ich staune heute darüber, daß auch meine Brüder sich im Jahre 1935 dem Sog dieser festlichen verführerischen Demonstrationen des Nationalsozialismus nicht entziehen konnten. Ernüchtert kehrte er zurück. Einer der hohen Parteiführer war total betrunken zu ihnen ins Zelt gekommen. Voller Entsetzen hörte Karl die Beschlüsse zur »Reinerhaltung des Deutschen Blutes und der Arischen Rasse...« Dazu gehörte auch die »Ausmerzung lebensunwerten Lebens«...
Eines Tages stand er überraschend vor der Haustür, um in einem Kurzurlaub alle Fragen und Probleme zu besprechen. Einen langen Spaziergang mit seinem Vater hatte er sich schon vorher erbeten. Dieser Urlaub war für die Eltern deshalb eine besondere Freude, weil Karl ihnen mitteilte, für welchen Beruf er sich entschieden hatte. Obwohl noch vor einigen Monaten auf seinem Abiturzeugnis gestanden hatte: »Immer will Politiker werden«, hatte er sich jetzt für den Beruf des Pfarrers entschieden.

Aber vorläufig brauchte das noch viel Zeit. Nach dem Arbeitsdienst kam die Ausbildung zum Soldaten.

Das war ein Urlaub, in dem so viel gelacht wurde wie selten! Karl konnte in Gebärde und Tonfall Heinz Rühmann genau nachahmen. Während nach Tisch die Mädchen mit Spülen beschäftigt waren, stand Karl am Küchenschrank, rechts und links die kleinen Brüder, die ihn möglichst keinen Augenblick allein ließen, und sang: »So ein Regenwurm hat's gut, so ein Regenwurm hat's fein, ach könnt' ich doch, ach könnt' ich doch so ein Regenwürmchen sein!« Es lief natürlich darauf hinaus, daß ein Regenwurm kein Herz hat und darum auch keinen Liebesschmerz fühlt.

Singen und Lachen – das war seit jeher die Lieblingsbeschäftigung der Immers gewesen.

Während im August die Mutter und die Geschwister nach Ostfriesland fuhren, freute ich mich auf die Reise zu den Schwiegereltern. Ich war dort sehr gerne. Die Ritterlichkeit des alten Pfarrers, die Stunden am Klavier mit »Mamma«, der sehr viel jüngeren zweiten Frau, und ihren herzigen kleinen Kindern und besonders die Freundschaft mit Ilse, der angehenden Ärztin, der älteren Schwester meines Verlobten, machte diese Wochen reich und glücklich.

In diesen Monaten zerschlug sich ein Plan meines Verlobten, der meiner Familie damals zu unsicher erschien. Ich solle einfach herüberkommen, an der Deutschen Schule unterrichten und so zum Lebensunterhalt beitragen. Noch gab es keine Pfarrstelle, kein Pfarrhaus für uns beide. Fehlte es mir an Mut? Fühlte ich mich der Aufgabe an der Schule (ohne Ausbildung) nicht gewachsen? So habe ich mich später oft gefragt. Denn trotz aller Sehnsucht war ich schließlich ganz zufrieden, daß meine Eltern ihre noch nicht mündige Tochter unter diesen Umständen nicht in das ferne Land schicken mochten.

An einem schönen Herbsttag begleitete Karl Immer seine Töchter zu einem Schulfest, das in einem großen Park gefeiert wurde. Nach vielen Darbietungen und Spielen trafen sich alle auf einem weiten Platz unter alten Bäumen. Wir standen in einem großen Kreis. Der Direktor sprach das Schlußwort. Nun erhoben alle die Hände zum Hitlergruß, wie es üblich war. Wir sangen das Deutschland- und das Horst-Wessel-Lied, alle erhoben den Arm – nur einer nicht. Großes Entsetzen zeigte sich auf den Gesichtern der Umstehenden. Unser Vater sang nicht mit, seine Hände blieben unten. Er gebrauchte ja auch niemals den Hitlergruß. Ich weiß nicht mehr, was wir auf dem Heimweg gesprochen haben. Aber am Abend saß ich noch lange am Bett einer meiner jüngeren Schwestern, die laut schluchzte und jammerte. »Vater soll das nicht!« rief sie immer wieder. Vielleicht war ihr zum ersten Mal aufgegangen, was es für eine Familie bedeutete, wenn der Vater den Mut hatte, gegen den Strom zu schwimmen.

Schon vor einem Jahr hatten wir etwas erlebt, das in der Familie viel diskutiert wurde. Bei einer Hausdurchsuchung entdeckten die Polizisten, daß der Spielschrank des Quintaners Adalbert verschlossen war. Den Schlüssel trug er immer um den Hals. Niemand sollte hinter seine Geheimnisse kommen. Da fuhren zwei Polizisten in der »Grünen Minna« zum Dörpfeldgymnasium, stürmten in die 6. Klasse und riefen Adalbert heraus. Im Flur mußte er das Band mit dem Schlüssel abnehmen und den Männern übergeben.

Dieses Erlebnis ließ uns alle fragen: »Wieviel können die jüngeren Kinder von dem Kampf des Vaters mittragen? Sind sie nicht total überfordert?«

Als Adalbert mittags nach Hause kam, umarmten wir alle den Elfjährigen und gaben ihm sofort seinen Schlüssel wieder. Zum Mittagessen gab es sein Leibgericht, und alle bemühten sich, ihm über dieses Erlebnis hinwegzuhelfen.

Inzwischen löste Adolf Hitler seinen »Rechtswalter«, den großen Kirchenzerstörer August Jäger ab, berief einen treuen Parteigenossen, der der evangelischen Kirche angehörte, und machte ihn zum Kirchenminister. Minister Kerrl ernannte Gremien, die »Kirchenausschüsse« genannt wurden. Er stellte sich vor: Wenn in jeder Kirchenprovinz von jeder Richtung einer genommen würde, also ein Deutscher Christ, ein Bekenntnismann und ein Neutraler, dann müsse daraus eine gute Mischung entstehen. Für die Bischofskirchen änderte sich durch diese Neuerung zunächst nichts, aber die widerborstigen »zerstörten« preußischen Kirchen sollten plötzlich gezwungen werden, mit den Deutschen Christen und unter ihrer Leitung zu arbeiten.

Lebendig schildert mein Vater in den Coetusbriefen den 28. November 1935, an dem in Berlin die Empfänge für die verschiedenen Gremien bei Minister Kerrl stattfanden. Nach dem ersten Gespräch flüsterten sich einige Teilnehmer zu: »Kerrl geht denselben Weg wie Jäger...« Für fünf Uhr nachmittags war der zweite Reichsbruderrat der Bekennenden Kirche, den man nach der Augsburger Synode gewählt hatte (ihr Vorsitzender war Pastor Müller aus Dahlem), zum Minister geladen. Im Bericht meines Vaters in den Coetusbriefen lese ich:

Der Minister führte aus: »Nun ist meine Geduld am Ende. Ich dulde nicht, daß die Bruderräte sich in die innerkirchliche Leitung einmischen. Von Irrlehre will ich in den nächsten zwei Jahren nichts mehr hören. Die Bekennende Kirche ist nicht diejenige, welche, sondern ich bin derjenige, welcher ... Ich habe meine Berufung genauso von Gott wie Sie ... Ich habe es zunächst mit Liebe versucht. Dies ist der letzte Versuch zur Befriedung der Kirche, den der Staat macht. Nach mir kommt im Staate nichts mehr...«

Bevor die Sorge um den neuen Angriff des Staates weiterging, war in Berlin und Wuppertal etwas Besonderes geschehen. Am 1. 11. 1935 öffneten zwei kirchliche Hochschulen der Bekennenden Kirche ihre Pforten. Schon im Sommer hatten sich zukünftige Professoren bei meinem Vater vorgestellt. Am häufigsten kam der junge Alttestamentler Lic. H. Hellbardt. Er arbeitete für meinen Vater wichtige Schriftsätze aus, die in den Coetusbriefen erschienen. Diese Professoren predigten auch in unseren Kirchen.

Am Abend des 1. 11. sollte in der Gemarker Kirche ein Gottesdienst zur Eröffnung der Hochschule stattfinden. Er wurde verboten, und die Kirche von Polizisten umstellt. Ich sehe mich noch im Dunkeln umherwandern und mit anderen Helfern zusammen die Menschen flüsternd zur nächsten Straßenecke weisen. Von dort ging es in einer Kette weiter bis zur Hugostraße und hinauf zur Friedhofskapelle, die in Gemarke jeden Sonntag als Predigtkirche diente. Dort fand ein stiller Gottesdienst bei Kerzenbeleuchtung statt. Die Predigt hielt Pastor Lic. Obendiek, ein Gemarker, der als Dozent vorgesehen war. Die Teilnehmer wurden gebeten, leise zu singen. Wir sangen Strophen aus dem Paul-Gerhardt-Lied »Befiehl du deine Wege«. Ähnlich erlebten es die Teilnehmer in Berlin. Einige Tage später wurden beide Hochschulen polizeilich verboten. Trotzdem haben sie in der Stille weitergearbeitet. Mein Bruder erzählt:

Von 1937–1938 habe ich an der von der Gestapo verbotenen theologischen Schule in Elberfeld Theologie studiert. Wir waren sieben damals, die sich zum »Kaffeetrinken« bei einem Wuppertaler Bürger trafen und dabei von den Pastoren Harmannus Obendiek, Alfred de Quervain, Peter Brunner, Hermann Hesse u. a. in Theologie unterrichtet wurden. Das war jedoch nicht das Besondere. Dieses bestand vielmehr darin, daß die Gestapo unseren Raum von gegenüber einsehen konnte, daß wir also beobachtet wurden. Eines Tages sprach mich nun einer der Gestapo-Beamten an und bat mich, ihm bei einem Bericht zu helfen, den er im Anschluß an ein mitzuhörendes Referat in der jüdischen Synagoge abzufassen hatte. Ich bin damals mitgegangen. Wir haben nebeneinander gesessen: der Gestapo-Beamte und ich, der Besucher von verbotenen theologischen Vorlesungen. Wir haben ein Referat über den »Kaufmann von Venedig« gehört, und ich habe dem Gestapo-Beamten den Bericht geschrieben, jedoch nicht ohne ihn vorher einem Freund zu zeigen – mit der bangen Frage, ob da wohl auch nichts drin wäre, was die Juden hätte belasten können.

1936
Flucht aus dem Pfarrhaus

Am Silvesterabend 1935 predigte Pastor Dr. Humburg in der überfüllten Gemarker Kirche. Wir hörten einen seltsamen Text: »...und wenn es kommt, daß ich Regen sende über die Erde, dann soll man meinen Bogen sehen in den Wolken.« (1. Mose 9,14) Pastor Humburg hatte eine besondere Art, so zu predigen, als ob er jedem einzelnen direkt ins Herz sprechen würde. Er redete von den realen Nöten und diffusen Ängsten, die jeden von uns treffen würden ... »wenn es kommt«. Aber dann soll man zugleich den Bogen sehen. Gott läßt seine Kinder Tröstungen erleben, die stärker sind als alles Leid, sagte der Prediger. Ich saß mit schwerem Herzen in der Kirche. Inzwischen hielt ich die kirchenamtliche Erlaubnis für meine Ausreise in Händen, geplant mit der »Cap Arcona« für Oktober 1936. (Man mußte so lange warten, bis die Ordination mit 24 Jahren möglich war und der Pfarrer eine eigene Gemeinde bekam. Erst dann bezahlte die Kirche die Überfahrt der Braut.) Und nun war ein Brief aus Brasilien gekommen, den ich nicht verstand. Was war nur geschehen? Im Januar schickten meine Eltern mich für zwei Wochen zu den »Großeltern«, dem pensionierten Pfarrerehepaar nach Bremen. Ein wenig ruhiger kehrte ich zurück.

Die Arbeit meines Vaters war auf einem Höhepunkt angelangt. Am 25. Januar 1936 schrieb er meinem Bruder Karl und mir einen Brief, der einen Einblick in sein Leben gibt:

> Wir hatten unruhige Tage in der vergangenen Woche. Ob in die Stille Eurer so ganz andersartigen Umgebung auch

etwas davon gedrungen ist? Die Schrift »Staatskirche« von Martin Niemöller ging in 100000 Exemplaren durch ganz Deutschland und ist dann Freitag und Samstag vergangener Woche überall in den deutschen Gauen aufs eifrigste gesucht worden. Das Heft scheint großen Staub aufzuwirbeln. Es ist so streng logisch in seinem Aufbau und so unwiderleglich in seinen Tatsachen und Folgerungen, daß es vielen die Augen öffnen wird. Donnerstagabend fuhr ich von Duisburg nach Basel. Es waren kostbare Stunden, die ich bei Professor Barth in seiner Studierstube, nachmittags im Kolleg und abends in der Sozietät erlebte ... Die Unterredungen mit Barth, die theologische Arbeit und die Ausbildung des theologischen Nachwuchses betreffend, waren sehr ergiebig ... Von Basel ging es den Rhein entlang nach Tübingen. Dort warteten schon die rheinischen Studenten auf mich. Nachmittags sprach ich vor etwa 400 Studenten...
Von Tübingen die Nacht hindurch nach Barmen, wo ich morgens ziemlich elend ankam. Das war nun etwas für die Mutter und die Kinder, die am Abend sagten: »Hoffentlich bleibt Vater recht lange krank.« Am Abend habe ich dann mit Adalbert und Udo die Geschichte der Freiheitskriege angesehen und z. T. vorgelesen. Montagnachmittag wurde ich im Bett vernommen wegen der »Staatskirche«. So gab es auch an diesem Krankheitstage noch Unruhe. Dienstag war ich in Berlin, wo abends der Ausschuß des Reichsbruderrates tagte. Am nächsten Tag war Reichsbruderrat.

Damals bereitete unser Vater mit den anderen Brüdern die vierte und letzte Reichsbekenntnissynode in Bad Oeynhausen vor. Noch immer war Minister Kerrl am Ruder und versuchte, mit den »Kirchenausschüssen« die auseinandergebrochene evangelische Kirche in die Hand zu bekommen. Es war ein großer Schock für die Männer des Reichsbruderrates, als sie hörten, daß Bischof Marahrens, der Vorsitzende der Vorläufigen Kirchenleitung, sich vorbehaltlos für die Kirchenausschüsse zur Verfügung gestellt hatte. In Oeynhausen trat die erste Vorläufige Kirchenleitung zurück und machte einer neuen Vorläufigen Kirchenleitung Platz, deren Sprecher Pfarrer Müller aus Berlin-Dahlem war, ein kluger, ruhiger, mutiger Mann. Auch Superintendent Lic. Martin Albertz aus Spandau wurde in die neue Vorläufige Kirchenleitung gewählt. Unser Vater stellte uns Kindern alle diese Männer so lebendig vor, daß wir das Gefühl hatten, sie zu kennen.

Als er Ende Februar aus Oeynhausen zurückkam, war er ganz entmutigt. Die lutherischen Kirchen gingen von nun an ihren Weg alleine. Sie hatten sich zum »Lutherischen Rat« vereinigt. Mein Vater schrieb dazu in den Coetusbriefen am 14. 3. 1936:

> Wir müssen uns freuen, daß sich diese lutherischen Brüder noch nicht von uns geschieden haben. Andererseits muß es uns aber auch mit Sorge erfüllen, daß sie neben der Leitung der Bekennenden Kirche eine besondere geistliche Leitung bestellt haben.

An diesem Sonntag, dem 29. März 1936, wurde in Deutschland wieder einmal gewählt. Wie im Dritten Reich üblich, hatte man nur die Wahl zwischen »Ja« und »Nein«. Es ging um die Befreiung des Rheinlands. Wer wollte da nicht mit Freuden »Ja« sagen? Da ich gerade 21 Jahre alt war, durfte ich zum erstenmal mitwählen. Lange diskutierten wir im Familienrat miteinander: »Wenn wir mit Ja stimmen«, sagte der Vater, »dann wählen wir auch Rosenberg, der unser Volk verführt und andere, die unsere Jugend verderben, wie Baldur von Schirach, und schließlich wählen wir Julius Streicher, der in seinem Hetzblatt ›Der Stürmer‹, das an allen Straßenecken hängt, zum Haß gegen die Juden aufruft.« So beschlossen wir, diesmal nicht zur Wahl zu gehen. Wir waren so arglos, daß wir dachten, man habe als Staatsbürger auch einmal das Recht, an einer Wahl *nicht* teilzunehmen.

Dann gab es einen furchtbaren Aufruhr. Wir hatten die Klingel abgestellt, aber vor dem Haus hörten wir die Sprechchöre der SA und der HJ: »Wir wählen unseren Führer! Pastor Immer, du hast noch nicht gewählt!« Das ging so bis abends sechs Uhr. Aber in der Nacht kamen sie wieder. Mit riesengroßen Buchstaben malten sie über die ganze Front des Hauses: *Hier wohnt Volksverräter Immer.* Dann warfen sie große Steine durch die Fenster. Einige Steine flogen in das Kinderzimmer, in dem Alida und Udo schliefen.

Am nächsten Morgen wurde der Aufruhr immer größer. Hunderte von aufgeregten Menschen standen vor unserem Haus. Als mein Vater zu einer Beerdigung mußte und mitten durch die Volksmenge hindurch ging, riefen ihm die Menschen nach: »Judas Ischariot«.

In diesem Augenblick stand der Briefträger vor der Haustür. Mühsam stolperte er über splitterndes Glas und große Steinbrocken. Er brachte einen Einschreibebrief aus Brasilien. Ich unterschrieb und öffnete den Brief voller Angst. Da stand es schwarz auf weiß, was ich schon lange befürchtet hatte. Ich las den Brief und hatte nur einen Gedanken: Den soll niemand sehen! Ich ging in den Keller und warf ihn in die Heizung. Dann legte ich meinen Ring ab.

Da die Menschenmenge draußen immer drohender und unruhiger wurde, beschlossen wir am Nachmittag, durch eine Hintertür das Haus zu verlassen, »um die Menschen nicht noch länger zu reizen«. Die beiden Schwestern meines Vaters in Bethel waren sofort bereit, uns aufzunehmen. Wir wußten ja nicht, ob wir noch einmal zurückkehren konnten. Als wir uns in das Taxi flüchteten, das in einer Nebenstraße vor der Gartenpforte hielt, saß ich neben meiner Mutter. Ich sah in ihr blasses, von Angst und Kummer gezeichnetes Gesicht. Da merkte ich, daß sie die Lippen bewegte. Sie flüsterte die Strophe eines Liedes:

Ich steh in meines Herren Hand
und will drin stehen bleiben,
nicht Erdennot, nicht Erdentand
soll mich daraus vertreiben.
Und wenn zerfällt die ganze Welt,
wer sich an ihn und wen er hält,
wird wohlbehalten bleiben.

Wieder einmal hielt sie mit ihrer Glaubensstärke uns alle fest.

Mit vielen Umarmungen und Küssen begrüßten uns die Betheler Verwandten. Ich merkte, daß ich in der ältesten Schwester meines Vaters eine zweite Mutter hatte. Sie sah mich trauern. Sie nahm mich allein ins Studierzimmer und setzte sich zu mir. Noch bevor ich etwas sagen konnte, fing sie an zu weinen und löste in mir die Verkrampfung. So weinten wir zusammen. Es tat mir gut, daß niemand Vorwürfe machte. Weswegen auch! Die einzige Erklärung, die die Verwandten für die Aufkündigung der Verlobung fanden, war die, wir seien beide noch zu jung gewesen und wie schwer sei das Leben für ihn geworden, allein in diesem heißen, fremden Land. Da könne man verstehen, daß er diese lange Wartezeit nicht habe durchhalten können. Für mich aber war das zerstörte Elternhaus mit den gesplitterten Glasscherben ein Bild für das, was sich in mir abspielte, als ich jenen Brief gelesen hatte.

Drei Tage später war es in unserer Straße wieder ruhig. Herr Frielinghaus, der treue Hausvater des Gemeindehauses, hatte selbst die böse Parole mit Farbe überstrichen, die Scheiben waren neu eingesetzt und das Haus geputzt. So kamen wir schon am Donnerstag zurück. Am Sonntag predigte mein Vater im Bezirk Heckinghausen.

In den folgenden Wochen und Monaten waren es nicht Bibelworte, sondern Verse des Dichters Rainer Maria Rilke, die ich brauchte, um wieder Boden unter die Füße zu bekommen. Ich las das Gedicht »Der Engel«:

Gieb seinen leichten Händen nichts zu halten
aus deinem Lastenden. Sie kämen denn

bei Nacht zu dir, dich ringender zu prüfen,
und gingen wie Erzürnte durch das Haus
und griffen dich als ob sie dich erschüfen
und brächen dich aus deiner Form heraus.

(aus: Rainer Maria Rilke, Gedichte, Insel, Frankfurt 1980, S. 264)

Ich dachte an die Geschichte von Jakobs Kampf mit dem Engel (1. Mose 32). Er war als ein Verwundeter, Angeschlagener aus dieser Begegnung hervorgegangen. Aber er hatte den Segen bekommen. So kämpfte auch ich in den Nächten mit der Verzweiflung und der Dunkelheit. Aber es waren gute Mächte, die mich prüften. Es schienen Engel zu sein, die versuchten, mich aus »meiner Form herauszubrechen«. Sie würden mir einen neuen Weg zeigen.

So schickte ich die Bestellung für den Schiffsplatz auf der »Cap Arcona« zurück und versteckte den Stoff für das weiße Brautkleid ganz zuunterst in der Truhe mit der Aussteuerwäsche.

Vom 17. Mai bis zum 15. Juni gab es eine »Generalvisitation« in allen Bekennenden Kirchen der Altpreußischen Union. Der Sinn war die »Sammlung und Pflege der Bekennenden Gemeinde«. Aufatmend schreibt mein Vater in den Coetusbriefen (S. 162):

Mit dem 15. Juni geht die Generalvisitation der Evangelischen Kirche der Altpreußischen Union zu Ende. Eine ungeheure Arbeit ist in vier Wochen geleistet worden. Denn in den Provinzen Westfalen, Ostpreußen, Grenzmark, Rheinland, Berlin, Brandenburg und zum Teil Pommern sind Beauftragte des Bruderrates in großer Zahl tätig gewesen, um die Gemeinden hin und her zu stärken und ihnen deutlich zu machen, daß der Kampf um die Erneuerung der Kirche vielleicht eben erst begonnen hat. ... Für jeden einzelnen stellt sich in den Entscheidungen dieser Tage die Frage, ob sie von Gott die Erlaubnis haben, jetzt mit den Deutschen Christen zusammenzuarbeiten, nachdem sie zwei Jahre lang solche Zusammenarbeit abgelehnt haben.

Auch meinem Bruder Karl berichtet der Vater in einem langen Brief vom 6. Juni 1936 über die Erfahrungen bei der Visitation. Immer wieder kommt darin der Name Martin Albertz vor.

Mittwochabend waren Martin Albertz und ich noch etwa eine Stunde im Bekenntnis-Presbyterium zu Elberfeld. Es war für uns ergreifend, diese mehr als 50 Männer in einem armseligen, kahlen Raum (der alten Post an der Uellendahler Straße) zu grüßen und von ihren Nöten und ihrem Kampf und ihrer Treue zu hören.

Am 16. Juni schreibt unser Vater nur einen kurzen Coetusbrief, dem man die überstandene Angst und Aufregung noch anmerkt:

Zu meinem großen Bedauern ist der Versand der Coetusbriefe um einige Tage verzögert worden. Am Samstagnachmittag erschien in unserem Gemeindehaus, wo gerade die Briefe verpackt wurden, das Überfallkommando und hat nicht nur sämtliche Coetusbriefe, sondern auch 11000 Exemplare Niemöllers »Ein Wort zur kirchlichen Lage« und den Rest von 400 Berichten von der »Oeynhausener Synode« mitgenommen. Ein schwerer Schlag für den »Gemeindetag unter dem Wort«. ... Doch wollen wir unverzagt und ohne Grauen weiter an die Arbeit gehen und uns kein Ungemach verdrießen lassen, selbst wenn es unsere liebsten Menschen mit hineinzieht in den Strudel.

Mein Bruder Adalbert sah erschrocken den Polizeibeamten bei der Arbeit zu. Da rief ihn einer der Beamten zur Seite: »Ihr seid zwölf Schüler in eurem Kreis. Einer von euch Jungen hat uns diese Sache verraten. Paßt auf!« Adalbert kam völlig verstört zu mir. Diese Jungen hatten oft beim Versand der Coetusbriefe geholfen. Jetzt war es damit vorbei. Mißtrauen und Angst breiteten sich mitten im engsten Kreis der Gemeinde aus.

Wenn ich heute diese Coetusbriefe lese, dann wird mir deutlich, worin mein Vater seine Aufgabe sah. Er hielt keine großen theologischen Vorträge wie seine bewunderten Freunde Harmannus Obendiek, Heinrich Vogel oder Karl Barth. Er predigte und versuchte, die Menschen aufzuwecken. Er sprach mit den einzelnen, oft resignierten Pfarrern. Er schenkte ihnen Verständnis und Vertrauen. Auch wenn sie nicht die »klare Linie« hielten, Martin Niemöller und Karl Immer, diese beiden hatten eine ähnliche Aufgabe zu bewältigen. Martin Albertz hat das am schönsten ausgedrückt, wenn er schreibt:

Er war, um mit dem ungarischen Sprichwort zu reden, zähe wie das helvetische Bekenntnis. Diese Zähigkeit kam aus dem göttlichen Wort. Wenn die süddeutschen Bischöfe zunächst Bekenntnissynoden überhaupt nicht zulassen und sich an ihnen nicht beteiligen wollten, so ist es Karl Immer zu verdanken, daß die Bischöfe nun doch mitgemacht haben. Unter den Menschen leicht erregbaren Temperaments war und blieb er die Ruhe selbst. Klar und nüchtern, bestimmt, aber auch brüderlich geduldig war sein Rat. Und wenn er selbst auch immer in der vordersten Front zu finden war und in diesem Kampf, soweit ich sehe niemals und nirgendwo zurückgewichen ist, so hatte er doch ein lächelndes Verständnis dafür, daß es bei einem Kampf auch langsamere Truppen und Etappen geben mußte. Mit Niemöller zusammen war er derjenige unter uns, der am sichersten durch alles Blendwerk der

Propaganda und durch alle Verschalungen der Diploma-
tie hindurchsah.

Im Frühling und Sommer 1936 hatten sich die Brüder der
neuen Vorläufigen Kirchenleitung (VKL) eine große geheime Aufgabe gestellt. Sie hegten die Hoffnung, daß Adolf
Hitler ihnen zuhören würde, wenn sie ihm all das mitteilten,
was ihrer Meinung nach in unserem Volk nicht in Ordnung
war. So entstand die »Denkschrift«. Sie erinnerten Hitler an
das Wort des Reichsschulungsleiters Rosenberg: »Man
dürfe in diesem Kampf um einen alten Glauben das Gegneri-
sche nicht schonen, sondern es geistig überwinden, organisa-
torisch verkümmern lassen und politisch ohnmächtig erhalten.«
Besonders mutig schien uns damals der Satz zu sein: »Wenn
dem Christen im Rahmen der nationalsozialistischen Weltanschauung ein Antisemitismus aufgedrängt wird, der zum
Judenhaß verpflichtet, so steht für ihn dagegen das christliche Gebot der Nächstenliebe.«
Vater erzählte uns voller Entrüstung, daß junge Bekenntnispfarrer dieses streng geheime Dokument an sich gebracht
und ins Ausland geschickt hätten. So konnte man es in engli-
schen Zeitungen lesen, noch bevor es an den Reichskanzler
abgesandt war. Sofort wurde das Büro der VKL von der
Gestapo durchsucht und der Leiter des Büros, der juden-
christliche Jurist Dr. Friedrich Weißler verhaftet und wenig
später im Konzentrationslager Sachsenhausen zu Tode gefol-
tert. Er war das erste Opfer der Bekennenden Kirche. Vielen von uns wurde jetzt blitzartig bewußt, in welcher Gefahr
alle die schwebten, die im Kirchenkampf in der vordersten
Linie kämpften.

Der August 1936 brachte unserem Bruder Karl eine große
Enttäuschung. Der Dienst bei der Wehrmacht wurde auf
zwei Jahre verlängert. So konnte Karl die mit so viel Liebe
eingerichtete Studentenbude zu Hause nicht beziehen. Er

hatte sich so auf das Theologiestudium gefreut! Sein Vater schrieb ihm:

Ich bitte Gott, daß er Dir den freudigen Mut erhält, bis zuletzt mit Leib und Seele Soldat zu sein und Deine Pflicht zu tun. Du hast ja als mein Sohn eine besondere Verantwortung. Auf unseren Namen darf nichts kommen, was nicht um Gottes Willen nötig ist...

Heute wundere ich mich über diesen Satz. Für meinen Vater und viele seiner Freunde war 1936 die Wehrmacht noch relativ unabhängig, eine Organisation, die nicht als Kriegsinstrument gesehen wurde und in der noch Recht und Ordnung galt, im Gegensatz zu den Formationen der SA und SS. Erst später gingen uns die Augen auf, und wir erkannten, daß auch die Wehrmacht durchsetzt war mit den Kräften und Ideen des Nationalsozialismus.

Im Oktober fand im Klingelholl wieder eine theologische Woche statt. Diesmal waren Martin Albertz und seine Frau Marianne unsere Gäste. Die Freundschaft zwischen den beiden Ehepaaren und den Kindern wurde immer enger. Marianne Albertz schrieb einen Dankesbrief:

Spandau, den 12. 10. 1936

Sehr liebe Familie Immer!
Wir grüßen Sie von Herzen in Dankbarkeit von Frau Tabea bis Udo – von Ton-Ton (dem Meerschweinchen) bis zu den blühenden Rosen, vom Tölle-Turm bis zur Friedhofkapelle, vom falschen bis zum richtigen Hasen! So könnte ich fortfahren noch lange lange, und hätte dann noch nicht ganz ausgesprochen, von wem wir alles Besitz ergriffen haben und was unserem Herzen nun nahe steht. Daß wir alles mit lieb haben, was unserem treusten Nachtgast aus Wuppertal-Barmen am Herzen liegt, das war ja selbstverständlich, – aber es war doch nur ein Widerschein von dem Licht, und eine sehr platonische

Liebe. Aber nun haben wir unter der Wärme und Güte von Frau Tabea und Leni gestanden, – ja nun wissen wir erst ganz Bescheid und lieben erst ganz.

Es waren für uns ja ganz große Tage, die ich im Gemeindehaus Klingelholl erlebte, und ich stehe noch immer unter der Gewalt dieser Tage. Es war eben »die Bezeugung der Gebote Gottes« dort. Damit ist alles gesagt. So sind diese Tage ganz entscheidend, und ich war so froh, daß mein Mann gleich über dieses Thema predigte. – Und dann: Dieser Männer-Psalmen-Gesang! Davon komme ich gar nicht los. Und gestern im Gottesdienst schien mir unser Singen richtig matt! Und dann muß ich eins doch ins richtige Licht rücken: Daß ich helfen durfte, bei dem fabelhaft gut organisierten Betrieb, das war für mich so etwas wie ein »Ausleben«…

Mir bescherte dieser Besuch eine Einladung für den nächsten Frühling nach Berlin.

Der Herbst 1936 brachte das Verbot aller christlicher Blätter, auch unseres Gemeindeblattes »Unter dem Wort«. Die Herausgeber verloren ihren Platz in der »Reichsschrifttumskammer«. Professor Dr. Niesel schreibt dazu:

…Dann kam am 14. November 1936 der die ganze BK schwer treffende Schlag gegen P. Karl Immer in Barmen-Gemarke. Scherzhaft wurde dieser einfallsreiche und unerschrockene Mann der »Pressebischof« der BK genannt, weil er in den ersten Jahren des Kampfes nicht nur die Berichte über die deutschen und preußischen Bekenntnissynoden herausgebracht und versandt hatte, sondern unter unsäglichen Mühen und Gefahren auch andere Druckschriften in eigenem Namen oder im Auftrage anderer, die sich dafür bereit erklärten. Die Gestapo in Düsseldorf teilte ihm mit: »Der größte Teil der von Ihnen in eigener Verantwortung oder im Auftrage Dritter herausgebrachten Broschüren war geeignet,

Unfrieden in der evangelischen Bevölkerung hervorzurufen...« Daher wurde ihm aufgrund der Kommunistenverordnung vom 28. 2. 1933 jegliche Herausgabe von Druckschriften unter Strafandrohung untersagt. Karl Immer ließ sich nicht einschüchtern. Er sorgte dafür, daß weiterhin Schriften erschienen und Drucker und Hilfskräfte sich bereit fanden... (Wilhelm Niesel, Kirche unter dem Wort. Der Kampf der Bekennenden Kirche der Altpreußischen Union 1933–1945, Vandenhoeck & Ruprecht, Göttingen 1984, S. 109).

Auch die Coetusbriefe sollten nun nicht mehr erscheinen. Aber sie waren ja schon immer illegal gewesen! Am 14. 12. 1936 wurde schließlich noch die theologische Schule in Elberfeld geschlossen. Während der Vorlesung von Professor Dr. Brunner betraten sechs Herren der Gestapo den Unterrichtsraum in der Casinogartenstraße und erklärten, daß die Schule »aufgelöst, aufgehoben und geschlossen« sei. Sie versiegelten die Räume und schickten die Studenten nach Hause.

Kurz vor Weihnachten bekam ich eine schwere Angina. Gerade in diese Zeit fiel eine besonders unangenehme Hausdurchsuchung der Gestapo. Da wußte der Vater keinen anderen Weg, als die geheimsten Akten unter meine Bettdecke zu stecken. Noch heute erinnere ich mich daran, wie mein Herz jagte, als die Beamten in der Tür des Schlafzimmers standen. Würden sie mir befehlen, aufzustehen? Nein, sie gingen leise mit dem Vater aus dem Schlafzimmer hinaus – nicht ohne noch einen erschrockenen Blick auf mein fieberheißes Gesicht zu werfen.

An die Halsentzündung reihte sich ein Gelenkrheumatismus, der mich für zwei Monate im Bett festhielt. Diese lange Ruhezeit half mir, alles zu verarbeiten, was mir in den letzten Monaten Kummer gemacht hatte. Meine Arbeit im Haus übernahm meine Schwester Waltraut, die für einige Wochen von der Schule befreit wurde.

Zu Weihnachten dachten wir uns für die Eltern ein besonderes Weihnachtsgeschenk aus. Jedes Kind sollte über ein bestimmtes Thema einen Aufsatz schreiben. Dieses Heft wurde das schönste Geschenk, das wir unseren Eltern je gemacht haben.

Ich war 21 Jahre alt, als ich versuchte, als mein Weihnachtsgeschenk für den Vater eine Bekenntnissynode im Klingelholl zu beschreiben:

Kalt und neblig dämmert ein Januarmorgen vor sich hin. Die ganze Klingelhollstraße scheint noch tief zu schlafen. Der Nebel nimmt den häßlichen Häusern ihre Ecken, er verdeckt die scheußlichen gelben Farben, und so sehen sie vertraut und heimatlich aus, fast dörflich. Während um 8.30 Uhr Vater und Mutter noch mit unseren vier Gästen beim Frühstück sitzen, beginnt sich der Saal nebenan zu füllen. Und wenn man jetzt Zeit hätte, am Küchenfenster zu stehen, so könnte man manche Beobachtung machen. Pastorentypen würde man entdecken, vom weltverlorenen Gelehrten, der unsicher und ängstlich isoliert diese fremde Straße geht, bis zum praktischen Organisator (wahrscheinlich einem Mann der Inneren Mission), der, sofort von einem Trupp Gleichgesinnter umringt, schon auf dem Flur eine halbe Rede ausgearbeitet hat.
Und nun fängt die Tagung wirklich an. Wir hören drüben den herrlichen Psalmgesang herüberklingen:

Gott, der Herr, regiert.
Ihm allein gebührt
Ehre, Macht und Reich...

Jeder, der diesen Gesang der Pastoren und Presbyter, die alle wissen, worum es heute geht, einmal gehört hat, vergißt ihn nicht mehr.
Während sich im Saal nun alles auf den Vortrag des Redners konzentriert, wird es unten lebendig. »Also, um

10.30 Uhr Kaffee? Wie viele Brötchen nehmen wir? Ob 150 genug sind? Wißt ihr überhaupt, wieviele gekommen sind? Sollen wir Wurst oder Käse auflegen?« Schließlich ist alles geklärt, ein eifriges Arbeiten fängt an, Messer fliegen, Tassen klirren, im Saal stehen Tische bereit – wir dürfen bedienen.

Schon strömen die Gäste allein oder in Gruppen heraus, treten an den Tisch. »Also, lieber Denkhaus, findest du nicht auch, daß der Redner sich bei § 2, Absatz 3a zu weit vorgewagt hat? Das ist heute einfach zu gefährlich! Ich werde das in der Aussprache noch sehr zum Ausdruck bringen!«

»Mit oder ohne Zucker?« fragt eine leise Stimme. Der Mann hört sie kaum. »Mit allergrößter Deutlichkeit werde ich ihm klarmachen...« Aber da hat er plötzlich eine Tasse Kaffee in der Hand und den Faden seiner Gedanken verloren.

In der Aussprache geht es lebhaft zu. Meinungen prallen aufeinander, werden angenommen oder widerlegt, man versteht sich nicht und redet aneinander vorbei. Also: Trennung. Arbeitsausschüsse werden gebildet, man sucht Räume zum Arbeiten. – Es klingelt im Pfarrhaus. Drei Gruppen wollen bei uns arbeiten.

Mutter und ich sitzen in der Küche. Auf einen Augenblick kommt Vater herein. Man sieht, er ist fröhlich. »Mutter, das war mal wieder ein Vortrag! Gehauen und gestochen! Schade, daß ihr das nicht mitgehört habt, geradezu klassisch!«

Schon ist er wieder draußen. Vor dem Gemeindehaus hält jetzt das Auto von Herrn Pflitsch. Große eiserne Milchkannen werden herausgehoben, in den Keller gebracht. Es ist der berühmte »Gulasch mit Reis«, den Frau Heckmann im Stift kocht.

Um ein Uhr ist auf dem Flur ein großes Gedränge, alle warten auf das Mittagessen und schieben es gleichzeitig hinaus, indem sie uns beim Tischdecken behindern.

Aber dann sitzen sie doch endlich, Vater spricht das Tisch-
gebet, wir versuchen zu dritt, des gewaltigen Appetits
Herr zu werden. Herr Rabenschlag, der Organisator des
Ganzen, treibt uns tüchtig an. Frau Frielinghaus hat im
Keller den Tisch gedeckt, Herr Rabenschlag übernimmt
das Präsidium, und wir kommen zu unserem wohlverdien-
ten Gulasch. Das Gesprächsthema sind natürlich die
Gäste. Herr Rabenschlag hat den Ältesten einer ganz kleinen Hunsrücker Gemeinde als Gast.

»Erst dachte ich, was ist denn das, als ich das verhutzelte
Männchen mit dem dicken Wollschal sah. Heute morgen
war er schon um 6 Uhr auf, lief im Haus umher und
rauchte einen Tabak, der so entsetzlich stank, daß meine
Frau und ich davon wach wurden! Und das Schlimmste
ist, daß man sich kaum mit ihm verständigen kann, so
einen unmöglichen Dialekt spricht er!« Wir lachten alle.
Ob dieser Mann etwas verstehen und mit nach Hause nehmen würde?

Später ist im Keller große Spülerei, und im Pfarrhaus sitzen 28 Pastoren und Älteste, um Tee zu trinken. Sie sind
nämlich Ostfriesen. Angeregt geht die Unterhaltung,
aber die Gesichter sehen sorgenvoll und ernst aus. »Was
wird mit unsern Predigerseminaren?« fragt ein Ältester.
Man kann ihm keinen guten Bescheid geben. Auf allen
liegt große Traurigkeit, und es ist gut, daß nach dem Wie-
derzusammentreten der Versammlung der Psalm ange-
stimmt wird, in dem es heißt:

Wenn alles wankt, dein Zeugnis nicht,
Du hältst, was deine Huld verspricht...

Wieder wechseln Vorträge und Aussprachen, man versteht sich jetzt schon besser als am Morgen. Herr Rabenschlag und ich hören im Hintergrund des Saales zu. Ja,
jetzt geht es um die eine brenzlige Stelle, die einige Pastoren unbedingt in der Entschließung haben wollen, während andere zögern. Da erhebt sich unser alter Bauer aus

dem Hunsrück. Er ist kein bißchen befangen. Mit deutlicher Stimme stellt er den Antrag, die Stelle genau so zu lassen und fügt hinzu: »Ick bün bloß en eenfachen Buur, aber ick weet doch, um wat de Kampf geiht, un dor dörf wie uns um Jesu Christi willen nich van afbringen laten...« – Betretenes Schweigen. Herr Rabenschlag und ich sehen uns an ... Der Antrag wird angenommen.

Vater war gerührt über unser Weihnachtsgeschenk.

Spandau, 17. Februar 1937

Meine lieben Kinder,
als ich eben müde in mein Zimmer kam, fand ich auf dem Schreibtisch Euer Weihnachtsgeschenk, das Novellenbändchen. Ich setzte mich aufs Sofa: vor mir das Weihnachtsmärchenbuch vom Klingelholl. Ich habe so recht in Muße Eure »Essays« gelesen, jedes Stück geprägt durch die Eigenart des Schreibers und die Wahl des Gegenstandes.
Zuletzt blieb ich hängen bei Karls Charakteristik seiner Geschwister und seinem Hinweis auf das Geheimnis des Hauses Klingelholl 54: »Jeder weiß sich verantwortlich.« Ich weiß, daß es so ist, meine lieben Kinder, daß jeder im Laufe der Jahre erkennt: Es kommt auf mich an. Das ist ein kostbares Geschenk Gottes, wie unser ganzes Familienleben, das Gott uns in Gnaden erhalte. Empfangt herzliche Grüße von

Eurem Vater

1937
Ein Jahr der Angst

Das Jahr 1937 nennt Wilhelm Niesel das »schwerste Jahr des Kirchenkampfes«. Hunderte von evangelischen Pfarrern und Presbytern wanderten ins Gefängnis oder wurden aus ihren Gemeinden ausgewiesen. Am 20.10.1936 war auch das reformierte Predigerseminar in Elberfeld, das von Dr. Hermann Hesse geleitet wurde, aufgelöst worden. Anfang 1937 kam mein Vater mit einer Bitte zu mir: »Sie führen das Seminar illegal weiter, aber es ist zu gefährlich, in eine Gruppe von Konfirmanden zu gehen, mit denen sie das Unterrichten üben können. Da haben wir an deinen Jugendkreis gedacht. Ist es dir recht, wenn die Kandidaten mit Dr. Hesse und dem jungen Studieninspektor Benjamin Locher in den Kreis kommen und ein Seminar über die Zehn Gebote halten?« Von den Mädchen bekam ich sofort eine zustimmende Antwort. Der Besuch so vieler junger Männer machte alle neugierig. Es wurde ein großartiges Vierteljahr. Ich selber lernte ganz nebenbei, wie man ein Unterrichtsgespräch aufbaut und sich klare Ziele setzt.

Am 21. Januar 1937 war der 25. Verlobungstag meiner Eltern. Wie gerne hätten sie den Tag gemeinsam erlebt und mit uns Kindern vielleicht sogar ein wenig gefeiert! Aber Vater mußte schon morgens zu einer wichtigen Sitzung des preußischen Bruderrates nach Berlin abreisen. An diesem Tag schrieb er zwischen den Sitzungen einen besonderen Brief an unsere Mutter:

> ...Ein Punkt der Tagesordnung: »Liturgie«, macht es mir möglich, Dir an diesem Tage einige Zeilen zu schreiben.

Es kam mir auf der Fahrt so recht zu Bewußtsein, welches Opfer ich Dir zugemutet habe, als ich gerade heute morgen nach Berlin fuhr. Ich hatte die gute Gesellschaft von Kloppenburg und Lücking, die von Frankfurt kamen, wo sie mit Wurm und Meiser ein wenig erfreuliches Gespräch hatten. Präses Koch, der leitete, stand klar bei Bruder Kloppenburg und Lücking. So kam ich gleich mitten hinein in die schwebenden Fragen. In Berlin traf auch Held zu uns, und wir aßen zusammen. In der Bruderratssitzung konnten wir bis jetzt tüchtig arbeiten. Die Verantwortung liegt auf uns, die Preußische Kirche recht zu leiten.

Darum verzeihe mir, wenn ich heute Dir fern bin – und müßte doch bei Dir sein. Du hast mein Leben so unendlich reich und schön gemacht, daß ich Dir nicht genug dafür danken kann. Die 25 Jahre liegen hinter uns mit aller ihrer Mühsal und ihrem Kampf. Aber die ganze Zeit ist erfüllt für mich und durchleuchtet von Deiner Liebe in allen ihren Strahlen.

Ich danke Dir für all Dein Mahnen, Trösten und Mutmachen, für Deine treue Fürbitte und daß Du Glauben gehalten hast...

Ein Liebesbrief eines reformierten Pfarrers, der sich für Fragen der Liturgie nicht interessiert. Wenn ich diesen Brief heute lese, dann weiß ich, woher die Geborgenheit kam, in der wir Kinder eine so glückliche Jugend verlebten.

Anfang Februar kam eine Nachricht ins Haus, die uns alle aufhorchen ließ. Der Reichskirchenausschuß mit dem alten Generalsuperintendenten Zöllner an der Spitze war zurückgetreten. Diese Männer hatten versucht, unter der Leitung von Minister Kerrl eine Einigung der evangelischen Kirchen in Deutschland herzustellen. Es war ihnen nicht gelungen. Mein Vater schreibt dazu in den Coetusbriefen am 22. 2. 1937:

Es ist bezeichnend, daß der alt-ehrwürdige 76jährige Generalsuperintendent, ein Beauftragter des Staates, eines Morgens um 5.30 Uhr Männer der Gestapo in sein Schlafzimmer eindringen sah, die ihm eröffneten, daß er in Lübeck in der Marienkirche nicht predigen dürfe. Mit dieser letzten und bittersten von ungezählten Demütigungen und Enttäuschungen, die P. Zöllner mit den anderen Mitgliedern der Ausschüsse in den letzten Jahren einstecken mußte, ist es selbst diesem so geduldigen Mann zu viel geworden, so daß er seinen Abschied in Ehren nahm.

Von nun an wurden täglich neue Mitglieder der BK verhaftet. Im Jahre 1937 waren es in Deutschland insgesamt 805 Verhaftungen.
Am 14. März war Konfirmation in der Gemarker Kirche. Mein Vater hielt eine Predigt, die auch die jungen Konfirmanden sehr nachdenklich stimmte. Gegen Schluß der Predigt hörten sie: »Ihr kommt in eine Gemeinde und seid in einer Gemeinde, in der es ernst ist ... Wir dürfen euch das auch an diesem Festtag nicht verschweigen.« Unser lustiges kleines Friedelchen, das zu den Konfirmanden gehörte, sah mit großen Augen zu ihrem Vater auf. Verstand sie, was er meinte?

Dann kam endlich der Mai. Ich durfte nach Berlin fahren. Zehn Tage sollte ich beim Ehepaar Albertz in Spandau bleiben und dann noch einige Tage zu Chambons nach Berlin-Frohnau fahren. Es waren unbeschreiblich schöne und glückliche Tage.
Nun erst lernte ich die beiden richtig kennen. Martin Albertz war einer der gütigsten Menschen, denen ich je begegnet bin. Er redete nicht viel, aber oft lag ein Lächeln um seinen Mund. Für das Kind aus dem Wuppertal war die Stimmung im Hause Albertz und überhaupt in den Pfarrhäusern in Berlin, die ich kennenlernte, viel »weltlicher« als in

meinem Elternhaus. Über den Film »Meiseken« mit der herrlich frechen Berliner Göre Rotraut Richter konnten wir einen ganzen Abend lang lachen.

Im Wuppertal durfte kein Pfarrer ein Kino besuchen. Aber nun hörte ich staunend, daß das Ehepaar Albertz schon öfter meinen Vater ins Kino mitgenommen hatte, bevor er mit dem Nachtzug nach Wuppertal zurückfuhr.

Martin Albertz hatte zugleich etwas von einem zerstreuten Gelehrten an sich, dessen überlegene Klugheit eine große Autorität ausstrahlte.

Frau Marianne war genau das Gegenteil: voller Temperament und Lebensfreude warf sie sich in die Gemeindearbeit. Sie hatte ein Auge für das Komische und Originelle. Immer wieder versuchte sie, ihren Mann aufzumuntern und zum Lachen zu bringen. Als die Zeit der Verhaftungen begann, fuhr sie von einem Gefängnis zum anderen. Meinem Vater brachte sie z. B. ein kleines Kissen, ein Stück Seife und ein Handtuch. Die Frauen der Gefangenen nahm sie in ihr Haus auf, so die besonders geliebte Freundin Margarete Schneider, die Frau des Pfarrers Paul Schneider, des »Predigers von Buchenwald«, der im Sommer 1939 im dortigen Konzentrationslager getötet wurde. Damals hieß Marianne Albertz nicht nur in Berlin »die Mutter der Gefangenen«.

Frau Albertz und ich wanderten durch den Spandauer Forst, besuchten Schloß Sanssouci in Potsdam und erlebten eine große Aufführung mit Gustav Gründgens im Staatstheater. Am 2. Pfingsttag fuhr uns ein junger Pfarrer zum berühmten Kloster Chorin. In meinem Brief nach Hause vom 16. 5. schrieb ich:

... dann fuhren wir in die Mark, in die allerschönste Landschaft, durch Wälder, Wiesen, an Seen vorbei und über sanfte Hügel, die einen großen Weitblick gestatteten. Wir landeten in Brodowin, der neuen Gemeinde des Pastors Pecina, von dem Ihr ja schon gehört habt...

Die anregende Atmosphäre im Hause Albertz tat mir gut. Wir hatten uns so viel zu erzählen! Zuletzt wurde ich in aller Form als »Tochter aus Zuneigung« aufgenommen. Ein langer reger Briefwechsel folgte. Das kinderlose Ehepaar Albertz hatte aus der Zeit, als Martin Albertz das Predigerseminar in Kückenmühle leitete, viele junge Pfarrerfamilien um sich gesammelt. Den sehr viel jüngeren Halbbruder Heinrich Albertz, den späteren Bürgermeister von Berlin, lernte ich erst später kennen, als er 1938 als Vikar in unsere Gemeinde kam.

Auch in Frohnau, bei dem anderen Freund meines Vaters, wurde ich wie eine Tochter aufgenommen. P. Joseph Chambon war Pfarrer am Französischen Dom. Während Martin Albertz umgeben war von einer Gemeinde, die ihn liebte und ihm half, stand Joseph Chambon ziemlich allein in seiner Hugenotten-Gemeinde. Eben hatte die Gemeindeleitung von ihm verlangt, aus der BK auszutreten, andernfalls solle er sich eine andere Pfarrstelle suchen.

Bei Chambons erlebte ich strahlende Maitage. Wir konnten im Garten unter der Birke sitzen und uns an den Tulpen und Azaleen erfreuen. Frau Chambon war schwer herzkrank. Jede Aufregung bedeutete einen Herzanfall. Ich half den beiden, die letzten Predigten im Komposthaufen zu vergraben. Sie waren nicht die einzigen, die für ihre Predigten ein Versteck im Pfarrgarten suchten. Ich freute mich mit ihnen an den munteren Meerschweinchen, an denen sie sehr hingen. Das eine hatte den Namen eines hugenottischen Wüstenpredigers. Das Tier hatte einen Trick gelernt, der jeden Tag mehrere Male vorgeführt wurde. Pastor Chambon hielt das Tier in beiden Händen, es richtete sich auf den Hinterbeinen auf und suchte Blickkontakt mit ihm. »Bonbonneaux, was tut der Held des Schmierentheaters, wenn er den Tod vor Augen sieht?« Das Tierchen warf sich nach hinten auf den Rücken und streckte unbeweglich seine Beine in die Höhe. Es blieb so lange in dieser Lage, bis ihm befohlen wurde, wieder lebendig zu werden. »Siehst du«, sagte

Joseph Chambon zu mir, »er weiß, worauf es ankommt. Man muß sich tot stellen.«

Einige Jahre später starb Frau Chambon, und ihr Mann sah keinen anderen Weg, als in die Schweiz zu flüchten. Der Doktorhut der Universität Genf, den er für ein Buch über den französischen Protestantismus bekommen hatte, war mit einer kleinen Rente verbunden, die ihn in den schweren Jahren des Krieges am Leben erhielt.

Den letzten Tag verbrachte ich noch einmal in Spandau. An diesem Abend kam mein Vater von der Preußensynode in Halle zurück. Wir beide waren allein, das Ehepaar Albertz hatte eine Verpflichtung. Ich setzte mich ans Klavier und spielte meinem erschöpften Vater Lieblingsstücke aus dem Notenbüchlein der Anna Magdalena Bach. Dann saßen wir beieinander, das Zimmer nur wenig erhellt durch die Lichter der Straße, und sprachen über die Sorgen, die uns bewegten. Mein Vater sollte in der nächsten Zeit in Berlin bleiben, um die Stelle Niemöllers, der sich auf seinen Prozeß vorbereiten mußte, im preußischen Bruderrat einzunehmen. Die Barmer Gemeinde meines Vaters sollte derweil durch einen Hilfsprediger versorgt werden.

In den nächsten Tagen und Wochen machte Reichskirchenminister Kerrl seine Ankündigung wahr: er setzte die Bekennende Kirche immer stärker unter Druck. Am 9. Juni erließ er ein Kollektenverbot, das unter Androhung von Gefängnisstrafe alle Sammlungen der BK in den Gottesdiensten verbot. Die letzten Coetusbriefe sprechen fast nur noch von den Schicksalen der verhafteten und ausgewiesenen Pfarrer. Immer wieder bat mein Vater seine Amtsbrüder, in jedem Gottesdienst die Fürbittenliste mit den Namen der Inhaftierten vollständig vorzulesen. Das war für die Pfarrer nicht ungefährlich, aber doch als Zeichen geschwisterlichen Zusammenhalts in der BK so wichtig! Und hieß das nicht auch, Unrecht laut beim Namen zu nennen? In der BK waren wir der Meinung, daß Zivilcourage auch eine christliche Tugend sei.

Inzwischen war ich wieder nach Hause gekommen und konnte mit der klugen, freundlichen Haustochter Emmi Hof zusammen die Arbeit gut bewältigen. Sie war auch ein überzeugtes Mitglied der BK und ist später als Pfarrfrau einen tapferen Weg gegangen. Jede Woche kam ein Brief aus Berlin, der mir vom Schicksal der Freunde erzählte. Besonders liebten wir das Ehepaar Andler in Bukow. Hier die Geschichte der Verhaftung dieses Pfarrers einer Kleinstadt:

Zeitweise saßen bis zu 200 deutsche Pfarrer gleichzeitig in den Gefängnissen. In den großen Städten war das kein Problem. Die Pfarrer tauchten unter in der Anonymität der Massenzellen. In der Kleinstadt gestaltete sich die Verhaftung des Pfarrers zu einem schwierigen Problem. Es begann wie überall. Ein Polizist holte ihn ab und ging mit ihm zu dem kleinen Gefängnis mit seinen drei Zellen, die von der alten Beschließerin Schulze bewacht wurden. Die Dorfjugend folgte in Scharen, und einige Frauen fingen an zu weinen. Nach drei Tagen bat der Pfarrer, man möge ihn doch, wie es in allen Gefängnissen üblich sei, jeden Tag für eine Stunde an die Luft lassen. Darauf lange Sitzungen bei der Polizeibehörde:
1. Vorschlag: Der Nachtwächter wird beauftragt, täglich eine Stunde mit ihm durch den Park zu wandern. Der Vorschlag wird als indiskutabel abgelehnt. Man bedenke nur, welchen Aufruhr das geben würde!
2. Vorschlag: Die Schulzen läßt den Herrn Pfarrer täglich für eine Stunde auf die Bleiche. Auch das wird abgelehnt. An der Bleiche führt ein öffentlicher Weg vorbei.
3. Vorschlag: Man gebe ihm eine andere Vergünstigung, z. B. daß die Frau Pfarrer jeden Mittag ihrem Mann das Essen bringen darf. Gesagt, getan.
Als Frau Pfarrer am nächsten Tag mit ihrem Mittagessen erscheint, wird sie liebevoll von der Schulzen in Empfang genommen. Aha, das Gerücht scheint doch zu stimmen,

daß die Schulzen ein aktives Mitglied in der SPD gewesen ist! Feierlich führt die Beschließerin ihren Gast in die ·Zelle. Unterwegs aber machen sie etwas miteinander aus: Falls eine Kontrolle kommt, wird die Schulzen unauffällig in den Gefängnisgang gehen und laut »Heil Hitler« rufen. Auf dies Signal hin wird Frau Pfarrer schnell in die Nachbarzelle schlüpfen und auch als Gefangene gelten. Denn wenn sie auch das Mittagessen bringen kann, so ist noch lange nicht klar, daß man den beiden eine so lange Sprecherlaubnis gestatten darf!

In der Abenddämmerung bekommt die Schulzen wieder Besuch. Diesmal hat die Pfarrfrau den Vikar mitgebracht. Eilfertig bringt die Schulzen den beiden ein schmales Bänkchen. Geschützt durch hohes Gebüsch, steigen die beiden jetzt auf das Bänkchen, das ihnen direkt unter das Zellenfenster gestellt wird. Wenn der Herr Pfarrer sich auf seinen Schemel stellt und die beiden Gäste sich hoch auf die Zehen strecken, können sie ein herrliches Gespräch miteinander führen. Schade, daß das Bänkchen so schmal ist!

Nach einiger Zeit hören sie ein diskretes Husten. Die Schulzen meldet sich. Sie hat eine kleine Harke mitgebracht und harkt jeden Abend alle entstandenen Fußtritte fort.

Der Pfarrer und seine Frau erzählen später ihren Freunden, sie hätten noch niemals soviel Zeit füreinander gehabt wie in diesen Wochen...

In vielen Gemeinden wurden die Pfarrer gleich nach dem Gottesdienst verhaftet, weil sie die Kollekte der BK abgekündigt hatten. Auch Pfarrer Pecina wurde abgeholt. Am nächsten Sonntag kam der Vikar an die Reihe. Am dritten Sonntag predigte die Pfarrfrau. Als auch sie mitgenommen werden sollte, wies sie auf ihr sechs Wochen altes Baby und fragte, ob sie das Kind mitnehmen könne, weil es noch von ihr gestillt werden müsse...

Anfang Juni brach die Gestapo in eine Sitzung des altpreußischen Bruderrates ein und nahm alle Teilnehmer fest. »Wir werden auch die anderen finden, die heute nicht da sind!« hieß es drohend zum Schluß.

Das war für einige Brüder ein Signal, für eine kurze Zeit unterzutauchen. Mein Vater erklärte uns, daß dies keine Flucht sei, sondern daß man für die schwere Zeit im Gefängnis Kräfte sammeln wolle. Dr. Hermann Hesse, P. Lücking aus Dortmund und P. Asmussen waren auch plötzlich verschwunden.

Am 16. Juni machten sich unsere Eltern auf den Weg in die Ferien. Es wurde eine mühsame Reise. Zunächst hatte mein Vater in Emden, in der Gemeinde seines Bruders Hermann, zu predigen. Im Pfarrhaus wartete schon die Gestapo. So brachte man das Ehepaar Karl und Tabea Immer nach Wesermünde-Lehe, wo mein Vater einen Vortrag vor der Bekennenden Gemeinde zu halten hatte. Hier fand er den Einschreibebrief der Behörde vor, der ihm das »Reichsredeverbot« verordnete. Dies Verbot wurde bis zu seinem Tod nicht mehr aufgehoben. Nur in seiner Gemeinde Gemarke durfte er noch reden und predigen.

Aber auch in Wesermünde-Lehe war die Polizei schon alarmiert. Die Presbyter bewachten das Pfarrhaus. Als sie sahen, daß am Abend die Herren der Gestapo an der Vordertür klingelten, stellte einer sein Auto an den Hintereingang und brachte das Ehepaar Immer von dort zum Bahnhof.

Aber wohin nun?

Schon vor Tagen hatte mein Vater eine Idee gehabt. Durch einen jungen Pfarrer aus Wuppertal hatten wir den Chefarzt und Chirurgen Dr. Friedrich Schulz und seine Frau Dr. Margarete Schulz kennengelernt. Wir hatten davon gehört, daß die beiden bereit waren, ihr großes Haus in Wyk auf Föhr bedrängten Menschen aus der BK zur Verfügung zu stellen. So nahmen sie später Frau Niemöller mit ihren Kindern auf und gaben dem Barmer Pfarrer Johannes Schlingensiepen und seiner Frau eine Ferienheimat. Nach dem Krieg schrieb

Helmut Gollwitzer sein Buch über die Kriegsgefangenschaft in Rußland »...und führen, wohin du nicht willst...« in ihrem Garten.

Frau Dr. Schulz, die Ärztin war, stammte aus einer großbürgerlichen Familie. Ihre jüdischen Eltern hatten sich schon sehr jung taufen lassen. So war Frau Schulz erst jetzt klargeworden, daß sie nach den Rassegesetzen des Dritten Reiches als Volljüdin galt. Was sollte aus ihr und ihren beiden Kindern werden? Das Ehepaar Schulz hatte uns Anfang des Jahres für einen Abend besucht. Beim Abschied sagte Herr Dr. Schulz: »Wenn Sie einmal ganz plötzlich untertauchen müssen, dann dürfen Sie wissen, daß unser Haus immer für Sie offen steht.« Meine Mutter sagte an jenem Abend ein wenig skeptisch zu mir: »Das wäre aber die letzte Möglichkeit.«

Da standen die beiden nun vor der Tür des schönen weißen Hauses. In einem Brief vom 28. Juni 1938, also ein Jahr später, erinnert Karl Immer seine Tabea an diese Situation. Er schreibt:

Bei der Überfahrt auf die Insel mußte ich viel an unsere Fahrt im vergangenen Juni denken, als Du Dich gar nicht trösten lassen wolltest. Heute mittag erzählte Frau Doktor einem Gast, wie wir damals angekommen sind. Zuerst hätten sie bei der Meldung des Mädchens gedacht, wir seien Badegäste, die Logis suchten. Die Leute hätten sich nicht abweisen lassen, sondern erklärt, sie kämen aus Barmen und wären mit Doktors bekannt. »Da muß ich doch einmal eingreifen«, hätte Herr Doktor gemeint, und uns dann im Flur gefunden. Welch eine Aufnahme ist uns damals doch zuteil geworden.

Die Eltern erlebten drei Ferienwochen, die ihnen halfen, das zu ertragen, was sie auf sich zukommen fühlten.

Mein Vater trug eine Schiffermütze und wurde Gästen als »Herr Jansen aus Ostfriesland« vorgestellt.

Von all dem hatten wir Kinder keine Ahnung. Wir wußten nur, unsere Eltern waren mit unbekanntem Ziel unterwegs. Eines Tages kam eine Postkarte: »Es ist die letzte Möglichkeit...« Nun konnte ich die Geschwister trösten: »Ich ahne etwas, dort haben sie es gut.«

Über Deckadressen liefen Briefe hin und her, Briefe, in denen jeder versicherte: »Macht Euch nur keine Sorgen um uns.« Erst heute, wenn ich die Briefe meiner Mutter mit ihrer feinen Handschrift lese, erfasse ich das Heimweh und die Angst, die sie so tapfer zu verbergen suchte.

Sie schreibt:

Auf Reisen, 24. 6. 1937

Meine lieben Kinder,
es war uns eine ganz große Freude, als uns gestern nachmittag Eure beiden ersten Briefe erreichten und wir erfuhren, daß es Euch so gut geht und daß Ihr so fröhlich seid. Wie sehr haben uns Deine Berichte interessiert, mein Lenke. Daß Udo sich ans Lateinsprechen begibt und Adal ihm half, gefiel uns sehr, auch, daß Ihr allerhand übt für Martas Hochzeit. Manchmal wünschen wir, daß Ihr Euch schnell mit uns freuen könntet an all dem Schönen, das Gott uns täglich schenkt. Wir machen wundervolle Spaziergänge, am liebsten in einem Tannenwald mit so schönen Tannen, wie ich sie noch nie sah. Heute früh sahen wir dort einen bunten Fasanenhahn und eine Henne mit ihren braunen Küken. Hin und wieder finden wir eine Bank zum Ausruhen, und dann liest Vater mir allerhand vor.

Zuletzt bekommt jedes Kind noch einen Satz für sich allein.

In jenen Tagen wurde auch P. D. Humburg, der Präses der Bekenntnissynode im Rheinland, verhaftet. In der Nacht um 2.30 Uhr kamen acht Männer, um nach Hans Asmussen, den man bei Humburgs vermutete, zu suchen. Dann nahmen sie P. Humburg mit ins Gefängnis, aber sie spürten bald, wie krank er war. So wurde er schon nach wenigen Tagen entlassen.

In diesen Wochen waren die Kirchen jeden Sonntag so voll, daß die Menschen sich noch vor der Kirchentür drängten. Am 21. 6. schrieb ich an die Eltern:

... In banger Sorge begleiten unsere Gedanken Euch auf Euren Fahrten – unbekannt wohin. Und wenn wir nicht glauben dürften, daß die Engel Gottes Euch behüten und daß Er selbst Euch nahe ist, dann wäre wohl unsere Unruhe groß. ... Die Gemarker Gottesdienste waren ergreifend. Für P. Humburg predigte in Immanuel P. Besteck sehr gut. In der Friedhofskapelle sprach P. Müntinga. Er las zum Schluß die Verhaftungen aller vor – als er den Namen Pastor Humburg sagte, ging ein großes Weinen durch die Kirche.

Pastor Humburg schrieb am Tag seiner Entlassung: »Deine Kinder haben mir sehr lieb gestern, als ich aus dem Gefängnis kam, einen wunderschönen Blumenstrauß geschenkt, das hat mir besonders wohl getan.«

Am 23. Juni kam P. de Quervain. De Quervain hatte das Wort der BK für die Weltkirchenkonferenz verfaßt. Sein Titel lautete »Staat und Obrigkeit – eine Gabe Gottes«. Eine Druckerei in Elberfeld wagte es, dies Heft zu drucken. Mein Vater hatte mich vor der Reise eingeweiht und mir die Adresse gegeben. So fuhren wir zu dritt in einem Taxi nach Elberfeld, Dr. de Quervain, der älteste Sohn von Karl Barth, der unterwegs nach Oxford war, und ich, um 25 Exemplare des Heftes zu holen. Der junge Barth übergab die Hefte in Oxford als die Stimme der zum Schweigen verurteilten Bekennenden Kirche.

Aber da war noch jemand unterwegs nach Oxford. Meine Schwester Waltraut, die Oberprimanerin, hatte eine Einladung von Prof. Dr. Micklem, dem Prinzipal des Mansfield College in Oxford, bekommen. Prof. Micklem war ein häufiger Gast in unserem Hause. Er sammelte die illegalen Druckschriften, die mein Vater herausbrachte, für die berühmte Bücherei der Universität Oxford, die Bodleiana. Waltraut sollte für sechs Wochen die kleinen Söhne des Professors hüten.

Der elfjährige Udo hatte eine Einladung ins Berner Oberland in die Schweiz bekommen. Bevor er fuhr, schrieb er den Eltern einen Brief mit allen Nachrichten, mit den Zensuren in der Schule, über das Wohlergehen der Hühner und der Meerschweinchen, über den Bau einer Katzenfalle. Unter diesen vergnügten Kinderbrief schrieb er mit großen Druckbuchstaben: »Man muß Gott mehr gehorchen als den Menschen.«

Inzwischen gab es eine große Unruhe in der Gemeinde. Das hatten die Menschen noch nicht erlebt, daß P. Humburg, der die vollsten Kirchen hatte, bei Nacht ins Gefängnis gebracht wurde und ein anderer Pfarrer plötzlich mit seiner Frau verschwunden war und nicht einmal die eigenen Kinder wußten, wo er sich aufhielt. In meinen Briefen berichtete ich meinen Eltern von den Besuchen der Freunde, von den Einladungen in die Häuser der Presbyter und Amtsbrüder des Vaters.

Eines Abends versammelten sich die Menschen unseres Pfarrbezirks im Klingelholl. Über diesen Abend berichtete ich den Eltern genau:

Anwesend waren alle Freunde des Bezirks, fast der ganze Saal war voll. Hinter mir saß der Freund Schmidt aus Elberfeld (Gestapo), dem Humburg übrigens wahrscheinlich seine Freilassung zu danken hat. P. v. Oettingen sprach sehr gut über Phil 1,12–15. 1. Teil: »Ich lasse euch aber wissen...« Es geht um den Wert der Benachrichtigung. Damit entkräftete er alle Vorwürfe, daß in den Kirchen Politik gemacht würde, statt das Evangelium zu predigen. Nein, die Bekanntmachung dessen, was mit den Brüdern geschieht, sei für die Kirche unbedingt nötig.

2. Teil: »wie es um mich steht...« Er sagte den Inhalt dieses »schlichten« Wortes, daß es mit dem Wort »gefangen« zusammenhängt, und dann 3., wie durch das Gefängnis den Brüdern der Mut wächst. So klar und fast scharf habe ich v. Oettingen noch nie gehört. P. Müntinga gab hinterher einen feinen Bericht zur Lage. Von Dir, lieber Vater, sprach er mit persönlicher Wärme, er meinte, der Gott, der Dich in den letzten vier Jahren so wunderbar behütet habe, würde auch jetzt sehr nahe bei Euch beiden sein.

Später erzählte mir meine Mutter, sie habe abends, wenn es dunkel wurde, oft Angst um ihre Kinder gehabt. Würde Leni auch jeden Abend alle Türen gut verschließen? Da sei ihr ein Bibelspruch eingefallen: »Er macht fest die Riegel deiner Tore und segnet deine Kinder drinnen...« (Ps 147, 13) In jenen Jahren war es ein großer Trost, über solche Worte nachzudenken.

Die letzte Ferienwoche verlebten die Eltern noch in Bethel. Hier hörten sie auch von der Verhaftung Martin Niemöllers. Mein Vater besuchte Wilhelm Niemöller, Pfarrer in Bielefeld, der die neuesten Nachrichten über Martin hatte. Mit dem Reserveoffizier Niemöller konnte er zugleich ein Problem besprechen, das die Familie seit Wochen in Atem hielt. Mein Bruder Karl war zum Unteroffizier befördert worden. Man hatte ihn zugleich zum Reserveoffizier vorgeschlagen. Das bedeutete, daß er im Herbst nicht, wie geplant, mit dem Theologiestudium anfangen konnte, sondern noch ein drittes Jahr bei der Wehrmacht bleiben mußte. Am 10. Juli schrieb der Vater an seinen Sohn: »Schon in Oldenburg sagte ich Dir, daß das Heer z. Zt. die einzige Stelle ist, wo wir unserem Volk und Staat mit unserem Einsatz dienen können.« Wenn ich heute solche Worte lese, dann frage ich mich, ob er wirklich recht hatte, oder hatte er schon das Widerstandspotential des Heeres im Sinn?

Am 15. Juli kamen die Eltern wieder nach Hause. Bald fuhren auch die Kinder in die Ferien, so erlebten wir drei, meine Eltern und ich, eine stille gute Zeit. Jeden Morgen las der Vater die Losung der Herrnhuter Brüdergemeine. Dann dankte er für diesen neuen Tag der »goldenen« Freiheit. Er berichtete von den gefangenen Brüdern und von der Freude, daß sein Freund Middendorf und der junge Pfarrer Paul Schneider aus Dickenschied (vorläufig!) freigekommen seien.

Am 5. August besuchte mein Vater seinen Amtsbruder Kuhlmann, um ihm zum Geburtstag zu gratulieren. Dort fanden ihn die Beamten der Gestapo und brachten ihn in das Gefängnis in der Bachstraße. Er durfte uns anrufen und uns seine Wünsche mitteilen: Ein kleines Notizbuch, ein Bleistift und sein Neues Testament. Gegen 14.00 Uhr sollte ein Beamter ihn mit dem Zug nach Berlin bringen.

Meine Mutter und ich machten uns sofort auf den Weg. Wir waren beide so erschreckt und verzweifelt, daß wir wirklich nur das Notizbuch und das Neue Testament mitgebracht hatten. Warum dachten wir nicht daran, ihm Handtücher, Seife und etwas Wäsche mitzugeben?

In Gegenwart eines Polizeibeamten durften wir mit meinem Vater sprechen. Er wirkte sehr ruhig und sicher. Niemand merkte, daß er wie unabsichtlich einiges in das kleine Notizbuch schrieb. Er betete mit uns und gab uns dann leichthin das Büchlein zurück: »Das brauche ich dort nicht.«

Der Polizist sagte mir die Abfahrtszeit des Zuges und erlaubte mir, bis Hagen mitzufahren. Als wir im Zug saßen, sah ich, daß der Beamte ein Paket Butterbrote auspackte. Er lächelte, als er zu meinem Vater sagte: »Meine Frau hat auch an Sie gedacht, Herr Pastor ...« Zuhause angekommen, öffnete ich das kleine Buch und fand darin Anweisungen meines Vaters, z. B. »Sonderkonto sofort auflösen«, Brüder, die benachrichtigt werden mußten, Amtshandlungen, die ein anderer für ihn übernehmen sollte.

Dann blieben meine Mutter und ich allein in dem leeren gro-

ßen Haus. Ich hatte schon vor Tagen ein Zitat aus dem Buch
»Mein Kampf« gefunden. Das schrieb ich auf einen großen
Bogen Papier und hängte es in den Hausflur.

Immer, wenn in einem Volk die Freiheit bedroht ist,
sitzen die Besten dieses Volkes im Gefängnis.

Adolf Hitler

Bald kamen die Freunde, die Presbyter, die anderen Amtsbrüder. Pastor Lic. Obendiek, der meinem Vater besonders
lieb war, sagte zu mir:»Kennst du das Wort aus dem gereim-
ten Psalm 34? Da heißt es: Er hält mich immer fest...« Das
war ein starkes Wort für meine Mutter und mich. Jeden Tag
ging ich zum Polizeirevier, um Nachricht von meinem Vater
zu bekommen – nach acht Tagen wußten wir endlich seine
Adresse: Berlin, Alexanderplatz. Ein dunkles häßliches
Gefängnis. Dort saß er in der Massenzelle mit etwa 25 anderen Gefangenen zusammen. Wenn er nachts nicht schlafen
konnte, hörte er das Glockenspiel der nahen Kirche:

Wer nur den lieben Gott läßt walten,
und hoffet auf ihn allezeit,
den wird er wunderbar erhalten
in aller Not und Traurigkeit.

Am 11. 8. klingelte abends das Telefon: Ferngespräch aus
Berlin! Frau Albertz rief an. »Vater ist frei! Aber er liegt mit
einem Schlaganfall im Krankenhaus. Ich habe ihn eben mit
einem Krankenwagen aus dem Gefängnis geholt und ins
Martin-Luther-Krankenhaus nach Berlin-Grunewald gebracht...«
Mutter und ich waren zu Tode erschrocken. »Ich muß sofort
zu ihm«, sagte sie. Ich rief den Kirchmeister unserer
Gemeinde, Herrn Carl Frowein an. Zu meiner Verwunde-
rung sagte er nur ruhig: »Das trifft sich ja gut! Ich muß morgen früh sowieso geschäftlich nach Berlin und kann Ihre
Mutter sofort mitnehmen. Die beiden Karten löse ich, und
ich darf Ihre Mutter zu dieser Fahrt einladen.« So kam es,

daß die beiden schon am Spätnachmittag am Bett des Kranken standen, der halbseitig gelähmt war. Ein billiges Quartier war schnell gefunden, so konnte die Mutter bei dem Kranken bleiben, bis er wieder gehen und zum zweiten Mal die Einladung in das gastliche Haus in Wyk auf Föhr annehmen konnte.

Ich fuhr am selben Morgen nach Bethel. Dort ging im Hause Tegtmeyer gerade die geheimgehaltene Sitzung des preußischen Bruderrates zu Ende, die letzte Sitzung, die mein Vater noch vorbereitet hatte. Die meisten der Anwesenden kannte ich: Lic. Wilhelm Niesel, P. Ernst Hornig aus Breslau und P. Gerhard Jacobi aus Berlin. Ich überbrachte die Nachricht vom Schlaganfall meines Vaters. Sie konnten es einfach nicht glauben. Sie alle hatten ihren Bruder Immer als einen Mann mit unverwüstlicher Gesundheit und strahlendem Optimismus erlebt. Und er war ja erst 49 Jahre alt.

Nun mußte ich den Geschwistern, die vor einer Woche von der Verhaftung erfahren hatten, noch einmal eine schwere Nachricht mitteilen. Am härtesten traf es den 13jährigen Adalbert, der den Brief in Soltborg bei Leer in Ostfriesland bekam. Er war so traurig, daß er zunächst keinem der Verwandten diese Nachricht sagen konnte. Mit dem Neuen Testament in der Hand versteckte er sich in der Scheune, ratlos und verzweifelt. In diesem kleinen Buch war vielleicht ein Trost versteckt – aber wo? Er blätterte in den letzten Seiten und fand eine Rubrik: Für Zeiten der Trübsal. Da war Psalm 13 angegeben. Er las: »Herr, wie lange willst du mich so ganz vergessen? Wie lange verbirgst du dein Antlitz vor mir?« Der Psalm schließt mit dem Vers: »Ich aber traue darauf, daß du so gnädig bist, mein Herz freut sich, daß du so gern hilfst.« Adalbert entschloß sich, sofort einen Brief an seinen Vater zu schicken und ihm den ganzen Psalm aufzuschreiben. Was ihn getröstet hatte, würde auch den Eltern helfen.

Unser Jüngster, Udo (11), war mit einem Ferientransport in der Schweiz. Er schrieb am 21. 8.: »Hoffentlich geht es Vater gut. Ich habe viel für ihn gebetet.« Zuletzt kommt seine ganze Angst und Unsicherheit heraus: »Ist Leni zu Hause? Schreibt mir, ob und wer zu Hause ist.« Ihm scheint der Boden unter den Füßen geschwankt zu haben. Gab es noch ein Zuhause für ihn? Ähnlich erging es uns allen. Waltraut sagte eines Tages verzweifelt zu mir: »Wenn wir doch wenigstens Großeltern hätten, dann wäre vieles leichter.« Schlimm erging es Alida (17). Sie war als »Gesellschafterin« für einige Wochen in Köln bei einer alten Dame engagiert, deren Kinder in den Ferien waren. Ahnungslos ging sie mit ihr zur Kirche. Zwar hatte sie meine Nachricht bekommen, wußte aber nicht, wie ernst es um den Vater stand. Da mußte sie hören, was der Bekenntnispfarrer in seiner Predigt sagte: »Es kann auch sein, daß wir im Dienst Gottes unser Leben dahingeben müssen. So hat es jetzt unser Bruder Karl Immer erlebt, der mit einem Schlaganfall halbseitig gelähmt aus dem Gestapo-Gefängnis Berlin Alexanderplatz gebracht wurde.« Nach dem Gottesdienst ging sie in die Sakristei und fragte den Pfarrer: »Haben Sie neuere Nachrichten von Pastor Immer?« Er fragte zurück: »Kennen Sie ihn näher? Sind Sie vielleicht seine Konfirmandin?« Sie schluckte und sagte: »Ja.« Später erklärte sie uns, daß es ihr damals unmöglich gewesen wäre, diesem fremden Mann zu sagen, daß sie Karl Immers Tochter war.

Als die Schule wieder angefangen hatte, bekam Alida plötzlich unerklärliche Ohnmachten. Auch zu Hause machten wir uns die größten Sorgen um sie. Die Eltern waren im September direkt vom Krankenhaus nach Wyk auf Föhr gefahren und fanden dort in einem Kinderheim einen Platz als Praktikantin für sie. In der guten Luft, in der Nähe der Eltern und der schönen Arbeit mit den Kindern gesundete sie schnell und konnte, ohne Zeit zu verlieren, in der Schule weitermachen.

Einer der ersten aus der Familie, der nach dem Kranken schaute, war Karl. Er konnte ein ganzes Wochenende bei den Eltern bleiben. Er eröffnete ihnen, daß er seinen Plan, Reserveoffizier zu werden, aufgegeben habe und daß er unmöglich den Revers unterschreiben könne, in dem es hieß:»Bejahen Sie die Weltanschauung des Führers?« Und er begründete das so:»Wie kann ich einem Staat dienen, der meinen Vater unschuldig ins Gefängnis wirft?« Die Eltern freuten sich, daß er nun im Herbst nach Hause kommen würde, um mit dem Theologiestudium zu beginnen.

In den Karten, die unsere Mutter täglich nach Hause schrieb, finde ich viele bekannte Namen des Kirchenkampfes, die sich als Besucher im Krankenhaus einfanden. Fast täglich kam Marianne Albertz, die »Mutter der Gefangenen«, wie sie in Berlin hieß. Jeden Morgen ging sie von Gefängnis zu Gefängnis. Als am 19. August ihr eigener Mann entlassen wurde, nahmen die beiden sofort ein Taxi und erschienen strahlend Hand in Hand im Krankenzimmer. Am 15. August besuchte ihn der Presbyter und nächste Freund Willy Halstenbach. Meine Mutter berichtete uns, er habe sie sogar zum Mittagessen ins Kempinski eingeladen. Lic. Wilhelm Niesel erzählte von der Bekenntnissynode in Lippstadt, die so klug gemanagt worden war, daß die Polizei erst nach deren Ende davon erfuhr.»Herzerquickend« sei der Besuch des Freundes Peter Bockemühl gewesen. Er wurde der Nachfolger Karl Immers im preußischen Bruderrat. Der spätere Bischof Dibelius kam und erzählte von seinem eben gewonnenen Prozeß. Er arbeitete heimlich beim preußischen Bruderrat mit. Er war ja schon 1933 von seinem Amt suspendiert worden. Am Sonntag, dem 12. August, kam Pastor Jacobi und am Nachmittag Frau v. Kleist-Retzow, die uns schon zweimal im Klingelholl besucht hatte und die wir besonders liebten. Sie war die Freundin Dietrich Bonhoeffers und die Großmutter seiner späteren Braut Maria v. Wedemeyer. Wilhelm Niemöller erschien mit einem Strauß aus dem Garten seines Bruders Martin und erzählte, wie er zuvor seinen Bruder im Untersuchungsgefängnis besucht hatte. Später kamen Presbyter aus Gemarke, dazu aus Stettin Lic. Eberhard Baumann, auch ein naher Freund. Mit Hans Asmussen konnte unser Vater im Krankenhausgarten sitzen.

Im Herbst 1937 kam ein Brief aus dem Gefängnis Alexanderplatz an meine Mutter. Ein Gefangener berichtete ihr, daß die Zeit mit Karl Immer für sie alle unvergeßlich sei. Er sei ihrer aller Vater gewesen. Sein letztes Stück Brot habe er mit ihnen geteilt. Für jeden habe er ein gutes Wort gehabt.
Am 23. August diktierte Karl Immer im Krankenhaus einen »Strahlenbrief an meine Kinder«. (Der vollständige Inhalt dieses Briefes ist abgedruckt in: »Tut um Gottes willen etwas Tapferes«, herausgegeben von Berthold Klappert und Günther van Norden, Neukirchen-Vluyn 1989.)
 Die Gestapo hat später viel herumgerätselt, was das Wort »Strahlenbrief« zu bedeuten habe. Uns Kindern war das Wort seit 1934 geläufig, wenn in den Ferien ein Sonntagsbrief in vielen Durchschlägen »strahlenförmig« an die verschiedenen Ferienaufenthalte der Kinder ging. In diesem Strahlenbrief, dem Bericht über seine Haft im Gestapo-Gefängnis Alexanderplatz heißt es:

Im Gefängnis sind die Stunden sehr lang und wollen gar nicht weichen. Da freut man sich dann, wenn man Menschen findet, mit denen man vernünftig sprechen kann. Durch den Wunsch vieler Mitgefangener ergab es sich mit der Zeit so, daß wir uns etwa dreimal täglich mit der ganzen Corona in einer Ecke des Saales versammelten, um etwas Gemeinsames zu erleben. Wir nannten es wohl scherzend: zweites Frühstück, Teestunde oder Tabakkollegium, natürlich ohne diese Herrlichkeiten. In diesen Stunden habe ich viel erzählt von meinen Reisen, Studentenjahren, von Eltern und Großeltern. Ich hätte noch lange Stoff gehabt, aber mir lag daran, daß auch die anderen über dem Erzählen ihres Lebens ihre Lage vergäßen und den Kameraden einen Dienst täten. Natürlich lernten wir uns auf diese Weise viel besser kennen und wuchsen immer mehr zusammen...

....Am Samstagabend fragte ich beim Essensempfang, ob ich morgen zum Gottesdienst gehen könnte. Mein Vorschlag, daß wir gemeinsam am Gottesdienst teilnehmen möchten, fand keinen Widerhall. U. a. hieß es: »Wir wissen ja gar nicht, was wir da vorgesetzt bekommen, halten Sie uns doch morgen früh eine Predigt, Sie sind in gleicher Lage wie wir und werden da schon das rechte Wort finden.« So habe ich denn am Sonntagmorgen Mk 6,45–52 ausgelegt: »Er sah, daß sie Not litten. Der Herr sprach: Seid getrost, ich bin's, fürchtet euch nicht.« Oh, wie lebendig wurde das Wort Gottes in dieser Abgeschlossenheit, wo alles, was man ist und hat, geprüft wird auf seine Wertbeständigkeit. Es war eine sehr stille und aufmerksame Zuhörerschaft.

...In der Nacht von Samstag auf Montag bekamen wir unerwarteten Zuwachs: Zwei jüngere Pfarrer und ein Gemeindeglied, die bei der Annenkirche in Dahlem ergriffen worden waren, wurden uns zugesellt. Es war für mich eine rechte Erquickung, einige Männer der BK und gar noch Pastoren bei mir zu haben. Einer der beiden Theologen soll im September das zweite Examen machen. Da haben wir denn in einer Vormittagsstunde eine Prüfungskommission gebildet und den Examinanden in Bibelkunde geprüft, und zwar so, daß die ganze Corona einen Gewinn davon haben konnte. Ich war Vorsitzender ... Der Diplomvolkswirt fungierte als juristischer Beirat. Wir haben uns dann gründlich unterhalten über die Bücher des Alten und Neuen Testaments, die im Gefängnis geschrieben worden sind, vor allem Jeremia und der Philipperbrief...

...Dienstag kam es dann noch zu einem ausführlichen Verhör in der Frage der Beteiligung an der Bruderratssitzung am 3. Juni 1937 und meine Stellung zum Kollektenerlaß Minister Kerrls. Ich präzisierte meine Stellung zur Kollektenfrage etwa wie folgt: Die Verordnung Minister Kerrls ist ein unerlaubter Eingriff der Staatsgewalt in den Raum der Kirche. Ich werde, wie auch bisher, nur den Kollektenplan der nach Schrift und Bekenntnis rechtmäßigen Kirchenleitung benutzen. Von Entlassung konnte nun nicht mehr die Rede sein.

...Am frühen Vormittag des Mittwoch wurde ich dann mit einer Anzahl anderer Mitgefangener zum Untersuchungsrichter geführt. Mein Zustand hatte sich inzwischen so verändert, daß ich nicht mehr alleine gehen konnte. Als ich zum Untersuchungsrichter gerufen wurde, hielt mich der Schupo-Beamte mit starker Hand, so daß ich nicht hinfiel. Zurückgebracht in den Raum der Untersuchungsgefangenen, erlebte ich, wie so manches Mal, die Fürsorge der Gefangenen. Sie machten eine ganze Bank frei, legten mir eine Jacke als Kopfkissen unter den Kopf, so habe ich dann eine Reihe von Stunden gelegen. Um sieben Uhr abends lag ich endlich auf dem Flur, wo unsere liebe Frau Rat (Marianne Albertz) und Pastor Kurz auf mich warteten und mich in Begleitung eines Stapo-Beamten ins Martin-Luther-Krankenhaus brachten.

Nun bin ich schon eine Woche in dem wundervollen Krankenhaus in Berlin, wo ich auf alle Weise die Güte Gottes erfahre, in der herzlichen Behandlung, in der Pflege der Schwestern, in der Fülle der Post. Für Eure Briefe danke ich Euch herzlich. Aus allem spüre ich, daß Ihr mit Mutter und mir auch diese schwere Zeit tragt als vom Herrn...

Dieser Brief wurde vervielfältigt und an alle Mitglieder des Coetus geschickt. Ein Pfarrer aus Düsseldorf, ein Deut-

105

scher Christ, schickte ihn an die Gestapo, die daraufhin viele Hausdurchsuchungen vornahm. Drei Pfarrer, bei denen man den Brief fand, wurden verhaftet. Wir Kinder lasen ihn immer wieder vor, jedesmal, wenn eines aus dem Urlaub kam, das ihn noch nicht kannte. Wir sprachen darüber, wie es möglich war, daß unser Vater so ruhig und zuversichtlich unter seinen Mitgefangenen leben konnte. Auf ihn wartete ja genauso wie auf Martin Niemöller das KZ.

Ähnlich wie er lebten auch die anderen Pfarrer im Gefängnis. In jenen Tagen erzählte Frau Albertz, die eben ihren Mann im Gefängnis besucht hatte, daß der vernehmende Richter sich persönlich zu ihm in die Zelle bemüht habe. Bei Albertz saß ein 17jähriger Zeuge Jehovas, der das Gespräch im Verhör jedesmal umdrehte, indem er zu dem Richter sagte: »Ach, Herr Richter, diese Sachen, die Sie mich fragen, sind doch völlig unwichtig. Aber wie steht es mit Ihnen? Haben Sie Frieden mit Gott?« Nun bat der Richter Pfarrer Albertz, doch auf den Jungen einzuwirken, damit er nicht ständig solche Fragen stelle.

Die Zeugen Jehovas, die sich damals »Ernste Bibelforscher« nannten, hatten Opfer vor allem unter den jungen Leuten. Sie verweigerten den Kriegsdienst und wurden erbarmungslos hingerichtet.

Der »Strahlenbrief« wurde in vielen Zusammenkünften der BK diskutiert. Für manche Christen wurde er zu einem »Muster«, wie man sich im Gefängnis als Christ zu verhalten habe.

In den ersten Septembertagen fuhren die Eltern zum zweiten Mal in diesem Jahr nach Wyk auf Föhr. Bevor sie das Krankenhaus verließen, wagten sie ein Ferngespräch nach Hause. Glücklich hörten sie die Stimmen ihrer Kinder. Für uns aber war dies Gespräch ein Schock. Die Stimme unseres Vaters klang wie eine gesprungene Glocke, wir erkannten sie kaum wieder.

In Wyk auf Föhr erlebten die Eltern noch einmal die herzli-

106

che Gastfreundschaft im weißen Haus, während wir Kinder die Freundlichkeit der Pastoren, der Presbyter und der Menschen in unserem Gemeindebezirk erfuhren. Einer der Presbyter erkundigte sich sogar nach den Noten in der Schule und bot an, bei den Lehrern um Nachsicht zu bitten, falls es nötig sei.

Am 26. 9. schrieb ich:

Vorgestern waren wir Mädchen bei Frau Frowein, der Frau unseres Kirchmeisters, eingeladen. Bei strahlendem Sonnenschein saßen wir im Gartenhäuschen und hatten einen weiten Blick auf das herbstlich dunstige Tal. Ein schön gedeckter Tisch, vor jedem Platz ein Väschen mit Rosenknospen. Wir sangen und spielten miteinander. Es war seit Eurem Weggang der schönste Nachmittag, den ich erlebte, so sorgenfrei und ohne Verantwortung.

Später erfuhr ich, daß wir nicht die einzigen waren, die in ihrer Gemeinde solche Erfahrungen machten. Bei Niemöllers, Schneiders, Albertz' und vielen anderen verhafteten Pfarrern der BK fühlten sich die Christen solidarisch mit denen, die leiden mußten. Wenn wir Dankesworte sagten, dann konnten sie antworten: »Das ist doch selbstverständlich. Euer Vater hat doch auch für uns im Gefängnis gesessen.«

Ende August 1937 saßen allein in Brandenburg 150 evangelische Pfarrer im Gefängnis. Im Amtsgerichtsgefängnis Fürstenwalde waren an einem Tag unter 28 Häftlingen sieben Pfarrer.

In den letzten Septembertagen kam unser Bruder Karl nach Hause, um nun offiziell mit dem Studium anzufangen. Er wollte das erste Semester in Wuppertal an der illegalen Kirchlichen Hochschule erleben. Man traf sich in Gemeindehäusern und Privatwohnungen. Am 2. Oktober wurde der sogenannte »Himmler-Erlaß« veröffentlicht:

Aufgrund des Paragraphen 1 der Verordnung des Reichspräsidenten zum Schutz von Volk und Staat vom 28. 2.
1933 werden die von den Organen der sog. Bekennenden
Kirche errichteten Ersatzhochschulen, Arbeitsgemein-
schaften und Lehr-, Studenten- und Prüfungsämter aufgelöst und sämtliche von ihnen veranstalteten Theologischen Kurse und Freizeiten verboten.

Damit wurde Gefängnis und KZ sowohl den Lehrenden als
auch den Lernenden angedroht. Das sollten die Studenten
bald spüren.

Am 2. Oktober kehrten die Eltern heim. Uns Kindern war
klar, daß unser munterer und manchmal auch lauter Lebens-
stil sich ändern müsse. Überall im Haus klebten weiße Zettel mit dem Wort »leise«, aber der kranke Vater spürte
doch, daß der große Haushalt zu unruhig für ihn war.
Darum nahmen die Eltern mit Dank das Angebot unseres
Baukirchmeisters Samuel Schutte an, der sie einlud, bis
Weihnachten in sein Ferienhaus nach Winterberg im Sauer-
land zu kommen. Abwechselnd waren meine Mutter und
ich bei ihm, einmal bekam Waltraut für eine Woche in der
Schule frei, um ihrem Vater den Haushalt zu führen. Das
waren wunderbare, stille Wochen. Wir gaben allen schönen
Wegen Namen, z. B. »Paradiesweg«, »Weg des schreienden
Käuzchens« und »Weg der Schrecken«. Man konnte sich in
dieser Einsamkeit ganz gut verlaufen. Ein früher Winter
brachte viel Schnee. Einmal stapfte Lic. Wilhelm Niesel
zwei Stunden durch die verschneiten Wälder, um nach unserem Vater zu schauen und ihm zu berichten, wie es den Brüdern ging. Zu Weihnachten gab es ein glückliches Wiedersehen im Klingelholl.
Eine besondere Freude für uns Kinder war die Postkarte
von Martin Niemöller aus der Untersuchungshaft. Er freute
sich mit uns, daß wir dies Weihnachten mit unseren Eltern
feiern konnten.

1938
Ein Jahr in Berlin

Im Januar kam eine neue Einladung. Die Theologin Hanni Günther lud uns nach Oberstdorf in ihr Landhaus ein. Diesmal wurde ich ausersehen, den Vater zu begleiten. Inzwischen hatte ich auch einen beruflichen Entschluß gefaßt. Am 20. April 1938 durfte ich mit einer Sondererlaubnis gleich in die Oberstufe des »Seminars für kirchlichen Frauendienst« eintreten, das in Berlin-Dahlem in den oberen Räumen des Burckhardt-Hauses eingerichtet war. Schon im Herbst hatte ich meinen Eltern darüber geschrieben:

> ...meiner Ansicht nach ist es klüger und vernünftiger, wenn ich jetzt dies eine Jahr mache. Mit dem Examen in der Tasche kann ich dann Euch mit um so fröhlicherem Herzen helfen, und auch Ihr könnt dann über meine Zukunft, menschlich gesehen, beruhigt sein, da ich dann fähig bin, auf eigenen Füßen zu stehen.

In Oberstdorf wurden wir sehr freundlich aufgenommen. Frau Hanni Günther verwöhnte uns mit einem Frühstück und einem Abendessen. Wir wanderten durch die Winterlandschaft des Allgäus und meinten, hier vor der Welt verborgen zu sein. Das war ein Irrtum. Eines Tages sprach uns auf der Straße der Dorfpolizist an. Man habe die Akten des Häftlings Karl Immer nach Oberstdorf geschickt und die Polizeistation beauftragt, ihn zu überwachen. Er sei ja nur wegen der Krankheit entlassen worden. Aber sobald er haftfähig sei, müsse man neue Entschlüsse fassen. Das gab einen gehörigen Rückschlag. Nun brauchten wir zunächst ein Attest. Man nannte uns einen Arzt in einem Sanatorium für SS-Leute, der meinen Vater untersuchte und das Attest ausschrieb. Als Karl Immer ihm sagte, er würde so gern bald gesund sein, um seiner Kirche dienen zu können, da schaute ihn der Arzt nachdenklich an: »Wenn Sie wieder gesund sind, gibt es keine evangelische Kirche mehr.«

Auf unseren Spaziergängen führten wir viele Gespräche. Als mein Vater einmal ein Hufeisen fand, wollte er es für die Eisensammlung einstecken, aber dann besann er sich, warf das Eisen fort und sagte: »Nein, für diese Regierung tue ich nichts!«

Wir sprachen darüber, was für einen langen Weg wir seit 1933 gegangen waren. Zunächst hatten wir gehofft, mit dem Kampf gegen die Deutschen Christen unserer neuen Regierung die Augen öffnen zu können. Noch 1936 sollte die »Denkschrift« ein Appell an Adolf Hitler sein, um ihn zur Einsicht zu bewegen. Es dauerte Jahre, bis wir erkannten, daß es nicht die untergeordneten Stellen waren, die so viel Unrecht und Gewalt an unschuldigen Menschen verübten. Es war Adolf Hitler selbst, der die Judenvernichtung plante, der Kranke sterilisieren oder töten ließ, der schon jetzt Pläne zu einem Krieg ausheckte.

Für uns Protestanten, die seit Luthers Zeiten trotz mancher Enttäuschung von einer gerechten Obrigkeit träumten, war es fast nicht vorstellbar, daß an der Spitze unserer Regierung eine Clique von Verbrechern stand. Die meisten Deutschen haben das ja erst nach 1945 begriffen. Für meinen Vater dauerte es noch einige Jahre, bis er bei der letzten Coetustagung im Herbst 1942 auf die Frage: »Wie können wir heute noch für diese Regierung beten?« im Kreis der Brüder mit einem einzigen Satz antwortete: »Bekehre sie oder nimm sie hinweg!«

Es machte meinem Vater große Freude, mich in Bibelkunde abzuhören oder sich erzählen zu lassen, was ich gerade an Lektüre erarbeitet hatte. Denn in diesem Vierteljahr mußte ich den Stoff der Unterstufe des Seminars nachholen. Mit Schrecken merkte ich, daß Vaters Befinden von Tag zu Tag schlechter wurde. Ende Februar schrieb ich meiner Mutter, daß ich in großer Sorge sei. Sie benachrichtigte Willy Halstenbach und Carl Frowein und bekam eine Antwort, die ihr bei Herrn Frowein bekannt vorkam: »Ach, das trifft sich ja gut, ich muß sowieso geschäftlich in die Gegend, da kann ich gleich nach Pastor Immer schauen.« Uneigennützig zu helfen, das war für Herrn Frowein selbstverständlich. Und niemals wollte er, daß man sich in seiner Schuld fühlte.

Zwei Tage später klingelte es morgens um 8.30 Uhr an unserer Tür in Oberstdorf. Da stand Herr Frowein. Er frühstückte mit uns und sagte: »Hier kann Ihr Vater nicht bleiben. Das Klima ist nicht gut für ihn. Herr Halstenbach und ich haben beschlossen, ihn für vier Wochen in ein Sanatorium im Glottertal einzuladen. Ihre Tochter packt jetzt den Koffer, und mit dem Mittagszug fahren wir zwei zusammen dorthin. Im Glottertal ist eine großartige Kneippklinik. Da werden Sie neue Kräfte sammeln.« Von da ab fuhr Carl Frowein in jedem Frühling mit unserem Vater für drei Wochen in die Schwarzwaldklinik. Die Behandlung und die Luft, dazu das Zusammensein mit dem Freund taten meinem Vater so gut, daß er noch sechs Jahre leben und arbeiten konnte.

Es gibt Briefe, die täglich zwischen dem Glottertal und Wuppertal hin- und hergingen. Waltraut machte ein gutes Abitur, und Adalbert schrieb in Latein eine »drei plus«, Grund zu großer Freude. Alida bekam in einer Lehrprüfung eine »eins«, und Friedel entschloß sich, ins Kindergärtnerinnenseminar einzutreten wie ihre Schwester Alida. Uns allen war klargeworden, daß in dieser unsicheren Lage jedes Kind so schnell wie möglich eine Berufsausbildung brauchte. Auch unsere Cousine Elisabeth Immer aus Emden schrieb von Erfolgen in der Schule, vor allem in Musik. Sie war die drei Jahre der Oberstufe als achtes Kind bei uns. Um Udo, unseren Jüngsten, brauchte sich niemand zu sorgen. Nun wurde das Leben für unsere Mutter etwas

leichter. Aber die schweren Migräneanfälle und die Herz-
schwäche machten ihr weiterhin zu schaffen.

Die Eltern hatten sich ausgedacht, jeden Tag ein Kapitel im
Alten und eines im Neuen Testament zu lesen, aus denen
Losung und Lehrtext der Brüdergemeine entnommen
waren. Die Entdeckungen, die sie dabei machten, teilten sie
sich gegenseitig mit. Wenn Paulus in 2. Kor 7 davon
schreibt, daß er schwere Kämpfe durchgemacht und »auswendig Streit und inwendig Furcht« gespürt hätte, dann fühlten sie sich in ihrer eigenen Angst bestätigt und trotzdem
getröstet. Durch solche Erfahrungen bekam ihre Liebe eine
neue Dimension.

Für meinen Vater war es eine große Freude und Beruhi-
gung, daß P. Johannes Schlingensiepen, verantwortlich für
die illegalen Hilfsprediger und Vikare, ihm »seinen besten
Mann« geschickt hatte. Es war Pastor Hans Specht, der bisher die Schülerarbeit im Rheinland betreut hatte. Da er
ständig von der Gestapo verfolgt wurde, sollte er einen ruhi-
geren Platz in einer Gemeinde finden. P. Specht freundete
sich bald mit allen im Hause an. Er verstand es, meinen
Vater mit neuem Mut zu erfüllen und unmerklich die
schwersten Aufgaben selber zu übernehmen, so daß er bald
wie ein Glied der Familie bei uns lebte. Seine originellen
Briefe in die Schwarzwaldklinik erfreuten den Patienten
sehr.

Inzwischen ging das Leben in der Welt und in der Kirche
weiter. Karl berichtete von einem »Gemeindetag unter dem
Wort« in Dortmund, bei dem in vier Kirchen 5000 Besucher
teilgenommen hatten.

Am 8. März 1938 schrieb ich meinem Vater:

> ...da Du es doch erfährst, ist es besser, Du erfährst es
> von uns. Dein Freund Niemöller ist noch nicht frei. Die
> Monate Festungshaft, die als verbüßt galten, hätten ihn
> gleich in Freiheit versetzt, aber von der Gestapo wurde
> vorher noch ein Revers verlangt: Schweigegebot über

den Prozeß, Abkehr von der BK und nie wieder solche Predigten. Das konnte er nicht unterschreiben. Am Sonnabend sah Pastor Scharf, Sachsenhausen, nach ihm und erfuhr, daß er in Einzelhaft sei und sich gerade damit beschäftige, die Sprüche für seine Konfirmanden auszusuchen.

Für die Kirche war das ein harter, aber aufrüttelnder Schlag. Eine gute Kanzelerklärung wurde am Sonntag verlesen. Währenddessen wurden in Westfalen alle Kerzen auf den Altären gelöscht. Die Gemeinde Wichlinghausen hatte die Altäre schwarz verhängt. In Barmen läuteten die Kirchen alle mit der tiefen Trauerglocke. Und zum Zeichen, daß die Gemeinde die Fürbitte nicht vergißt, läutet jeden Nachmittag um drei Uhr in unseren Kirchen die dunkle Glocke eine Viertelstunde lang.

Am 15. März wurde mit einem lauten schulfreien Festtag Österreichs »Heimkehr ins Reich« gefeiert. Auch die Fabriken hatten geschlossen. Den freien Tag benutzte Willi Halstenbach zu einem Brief an meinen Vater. Er erzählte ihm vom »Abschiedsabend der Leute vom Mäuerchen« bei »Onkel Hermann« (Hesse). Es handelte sich um den Semesterschluß der illegalen Vikare. Weiter schreibt er:

Also, das Semester wäre auch mal wieder überstanden. Und die Prüfungen sind auch vorbei. Sogar unsere Brüder aus Westfalen haben es ohne Kompromiß durchgehalten. Und wie die Sara gelacht hat aus Unglauben, so lacht die Gemeinde des Herrn, weil sie weiß, daß der Ausgang bei Ihm steht. Und wenn die Welt voll Teufel wär, die Gemeinde des Herrn behält den Sieg. Das war auch die Meinung des Staatsanwalts in Dortmund, der den rheinischen Bruderrat vernommen hatte und zu Pastor Humburg sagte, als er von der hohen Zahl der Studenten hörte, die zur BK gehören: »Die wissen, daß Sie es gewinnen werden, Herr Pastor!« An Bruder Martin denken wir viel. Er ist doch ein Gefangener Christi.

In jedem Brief erzählte Vater von der Schönheit der Wälder, der bunten Wiesen und Blumen. Ein gepreßtes Blümchen oder einen Veilchenstrauß fanden wir beinahe in jedem Brief.

Bevor Vater nach Hause fuhr, sprach der Arzt mit ihm. Er machte ihm keine Hoffnung auf Besserung seines Zustandes. Er würde mit einem Blutdruck von 200–250 leben müssen. »Aber wie ich Sie kennengelernt habe, ist ein früher Ruhestand nicht das Richtige für Sie. Sie wollen in den Sielen sterben. Sie werden mit dem Wissen leben müssen, daß an jedem Tag der nächste Schlaganfall eintreten kann.« Dies besprach Vater später mit uns. Von da an lebten wir in dem Gefühl, daß jeder Tag der letzte sein könnte. Das machte diese wenigen Jahre so kostbar.

Spandau, den 21. 4. 1938

Meine Tochter aus Zuneigung,

Nun heiße ich Dich ganz gut in Berlin willkommen! Nun gehörst Du noch ein Stück näher zu uns und weißt, daß Du zu jeder Zeit zu Deiner zweiten Heimat kommen kannst, um alles abzuladen an Freude, Not und Sorgen...

Dieser Brief von Marianne Albertz lag auf dem Tisch in dem winzig kleinen Zimmer, das ich am 22. 4. 1938 im Burckhardthaus beziehen durfte. Im dritten Stock der Zentrale für die »Evangelische Gemeindearbeit an jungen Mädchen« war das »Seminar für kirchlichen Frauendienst« untergebracht. In der Oberstufe fanden sich etwa 25 Teilnehmerinnen ein. In der Unterstufe waren es etwa 20 junge Mädchen. Es herrschte ein offener, fröhlicher Ton, so daß man sich schnell einleben konnte. Bald lernten wir die wichtigsten Personen kennen, Frau Oberin Hulda Zarnack und ihre Stellvertreterin Frau v. Kleist. Von den vielen, die dort ihre Arbeit taten, wurde mir besonders *eine* wichtig: Gertrud Staeven, die Schwägerin von Gustav Heinemann. Sie fragte mich sofort nach meinem Vater und erzählte mir später von ihrer Freundschaft mit verfolgten jüdischen Men-

114

schen, die heimliche Betreuung brauchten. Ich bewunderte ihre vorurteilsfreie kühne Haltung und ihr Engagement für die BK. Vor vier Jahren stand ich an ihrem Grab. Die andere Hälfte der Grabstätte hatte sie für Rudi Dutschke bestimmt, den Studentenführer, der 1968 bei einem Attentat so schwer angeschossen wurde, daß er Jahre später daran starb. Sein Freund Helmut Gollwitzer hielt die Grabrede.

Aber nun, 1938 in Berlin, hieß es zunächst den Tageslauf zu lernen, die Frühgymnastik, das schweigende Frühstück am Morgen, die Arbeitsgruppen für die Hausarbeit, die »Stille Zeit«, bevor der Unterricht begann, der bis 12.30 Uhr dauerte. Auch nachmittags gab es manchmal noch Unterricht oder Vorträge. Schon nach kurzer Zeit hatte ich eine Freundin gefunden, Margarete Bornhäuser, eine badische Pfarrerstochter, mit der ich alles besprechen konnte. Es gesellten sich noch zwei junge Mädchen dazu, die aus Landpfarrhäusern in Hannover kamen. Sie schwärmten für ihren Landesbischof Marahrens – für mich eine ganz neue Erfahrung. Ich kannte ihn aus den Erzählungen der Freunde meines Vaters nur als zögernden Bischof, dem sie nicht zutrauten, daß er »die Linie« halten würde.

Dieser Freundeskreis hat bis heute gehalten. Aber es gab noch weitere freundschaftliche Kontakte, so mit Margret, der Schwester von Eberhard Bethge, dem Freund von Dietrich Bonhoeffer.

Die wichtigsten Menschen für mich waren die beiden Leiterinnen der Schule: Frau Lic. Anna Paulsen, die herbe Schleswigerin, deren Leidenschaft für die Bibel in den Unterrichtsstunden wie ein Vulkan hervorbrechen konnte, wenn sie von Jeremia oder Amos sprach oder uns Texte aus dem Johannesevangelium erklärte. Ich fühlte mich sehr zu ihr hingezogen und freute mich, daß sie bei einem Vortrag in Wuppertal auch mein Elternhaus kennenlernte und ein langes Gespräch mit meinem Vater führte.

Lic. Anna, wie wir sie nannten, hatte zwei verschiedene »Offene Abende«. Einmal lud sie Damen aus der literarischen Szene ein, etwa Ina Seidel oder Ricarda Huch, ein anderes Mal waren es Persönlichkeiten aus der BK, wie P. Dr. Hans Böhm, Mitglied der Vorläufigen Kirchenleitung und im Vorstand unseres Seminars, Helmut Gollwitzer und der junge Jurist Fr. J. Perels, der vielen Pfarrern aus dem Gefängnis half und selber am 23. 3. 1945 noch hingerichtet wurde. Zu dieser zweiten Gruppe wurde ich eingeladen, um bei der Bedienung zu helfen, was mir viel Freude machte.

Bei dieser Gelegenheit lernte ich Helmut Gollwitzer auch persönlich kennen. Er war mittelgroß und gedrungen und hatte ein, wie mir schien, etwas zusammengedrücktes Gesicht. Während er im Unterricht trotz seiner Jugend eine große Autorität ausstrahlte, wirkte er in diesem Kreis eher schüchtern. Von einigen wurde er wegen seiner »Neigung zum Pietismus« geradezu aufgezogen.

Als wir 50 Jahre später, 1989, in einem kleinen Kreis mit Gollwitzer zusammensaßen, erklärte er uns, warum er im Winter 1938/39 oft so niedergedrückt war. Er sprach von den vielen Judenchristen in der Gemeinde Dahlem, die nach dem Pogrom vom 9. 11. 1938 zu ihm kamen und fragten: »Wir sehen keine Zukunft mehr in Deutschland und haben keine Beziehungen ins Ausland, um auswandern zu können. Das Beste wäre, wir würden uns das Leben nehmen.« Gollwitzer hatte ihnen damals geantwortet: »Es scheint mir nicht recht zu sein, wenn Christen sich das Leben nehmen.«

In dem Gespräch, das wir mit dem jetzt Achtzigjährigen führten, sagte er: »Wenn ich heute über diese Antwort nachdenke, dann scheint sie mir die größte Schuld zu sein, die ich in meinem Leben auf mich geladen habe. In was für ein Elend habe ich diese armen Menschen hineingestoßen! Mit diesem scheinbar frommen Rat habe ich sie nach Auschwitz ausgeliefert!«

Lic. Anna Paulsen hatte sich besonders mit dem Philosophen Sören Kierkegaard beschäftigt, von dem sie uns nicht genug erzählen konnte.

Die zweite wichtige Person war unsere Hausmutter Barbara Thiele. Sie gehörte zu den ersten Frauen, die die Bibelarbeit mit jungen Menschen entdeckte. Es kam darauf an, die Mädchen selber Wahrheiten finden zu lassen. Sie sollten lernen, ihre eigenen Erfahrungen mit den Texten zu machen. Barbara Thiele zeigte uns in klarer Weise, wie man eine Katechese aufbaut, wie Ziele formuliert und unmerklich auf diese Ziele hingeführt wird. Später sprach sie mit uns auch über den Beruf. Wie teilt man seinen Tag ein? Wie geht man mit der Zeit um? Kann man es lernen, so zu arbeiten, daß man nicht nach kurzer Zeit ausgelaugt ist? Sie hatte auch ein waches Auge auf jede von uns und wußte genau, was jeweils an Mahnung oder Ermunterung nötig war.

Ich meine, diese beiden wären damals um die 50 Jahre alt gewesen. Zu ihnen gesellten sich zwei junge Theologinnen, die elegante Vikarin Erika Dallichow und Vikarin Helene Heidepriem, die im Reisedienst des Burckhardthauses schon viele Erfahrungen gesammelt hatten und mit uns lebendige Bibelarbeiten für kritische Schülerinnen erarbeiteten. Damals hatten es die Theologinnen in unserer Kirche sehr schwer, weil sie auch in der BK von den meisten Pfarrern und Kirchenleitungen nicht als ebenbürtig anerkannt wurden. Einer der ersten, der sich der Theologinnen annahm und sie zum vollen Pfarramt in der BK ordinierte, war Martin Albertz. Da hatte auch mein Vater noch einiges zu lernen. Er stand zunächst der Arbeit der Frauen im Presbyterium und auf der Kanzel sehr ablehnend gegenüber. Das änderte sich nun durch die Gespräche mit seinem Freund Martin Albertz, dem Ausbildungsreferenten der BK.

In Berlin lebten viele führende Männer der BK, manche im erzwungenen Ruhestand. Sie kamen gern mit Vorträgen außer der Reihe zu uns. Anschließend diskutierten sie mit uns, die wir aus ganz Deutschland hier zusammengekommen waren. Die Süddeutschen waren oft anderer Meinung als die kompromißlosen Leute vom preußischen Bruderrat, aber der Leiter des Burckhardthauses, der von allen verehrte P. Otto Riethmüller, öffnete das Burckhardthaus für alle, die zur BK gehörten.

Wir lernten sie alle kennen: Lic. Jacob aus Cottbus, der uns messerscharfe Analysen vortrug, Superintendent Wolfgang Staemmler, Präses der Altpreußischen Bekenntnissynode, der spätere Bischof Otto Dibelius, P. Dr. Jannasch, der abgesetzte Professor Günther Dehn, der mit uns den Philipperbrief las, Dr. Hanns Lilje, der unser Examen leitete und schließlich Lic. Helmut Gollwitzer, der im zweiten Halbjahr jeden Mittwoch zu uns kam, um mit uns das Lukasevangelium zu lesen. Später wurde daraus ein Kommentar in drei schmalen Bändchen, die im Krieg als kostbares Gut im Luftschutzkoffer verwahrt wurden. Die Stunden mit Gollwitzer waren für die meisten von uns ein absoluter Höhepunkt. Er führte uns in kritische Methoden der Bibelauslegung ein und brachte uns die Texte so nahe, daß sie uns mitten ins Herz trafen. Von der ersten Stunde an saß Lic. Anna in der letzten Reihe und lauschte ebenso atemlos wie wir. Abends trafen wir uns zu mehreren in Margarete Bornhäusers Zimmer. Da war ein neues Buch erschienen, das wir uns gegenseitig vorlasen und miteinander besprachen. In einem Brief nach Hause schrieb ich:

Nebenbei lese ich in allen freien Augenblicken »Die Nachfolge« von Dietrich Bonhoeffer. Es geht durch und durch. Selten hat mich ein Buch so bis ins Innerste getroffen wie dieses...

Im Anschluß an diese Gespräche erzählten uns Margret Bethge und andere von dem Leben der jungen Theologen in Bonhoeffers Predigerseminar, deren klosterähnliche Regeln uns viele Fragen aufgaben.

Dieses Jahr im Burckhardthaus kann ich genau verfolgen

anhand der Briefe, die hin und her nach Hause liefen. Im Brief zum 50. Geburtstag meines Vaters schrieb ich am 28. 4. 1938:

Gestern morgen gab es »Innere Mission« bei P. Fritz. Er sagte: Es sei ein großes Unrecht, die kleinen Spannungen, die wir in der Kirche hätten, mit Rußland oder Spanien auch nur im entferntesten vergleichen zu wollen... In der Pause stürzte Else Richter, die Klügste von uns allen, ungeheuer bekenntnistreu und kühn, auf mich zu: »Was machen wir da?« Wir gingen in mein Zimmer, zwei setzten sich auf mein Bett, Christine Jannasch auf den Boden und ich auf meinen einzigen Stuhl. Ergebnis der Besprechung: »Nein, wir reden nicht dagegen, bei dem Mann hat es keinen Zweck. Im übrigen sind wir Schülerinnen und noch keine ebenbürtigen Diskussionspartner.« Christine erzählte alles zu Hause. Heute morgen, das stand schon vorher fest, hielt P. Jannasch die ersten beiden Stunden und gab uns einen ganz fabelhaften Bericht zur Lage. Er fing an mit Rußland! Und er sagte genau das Gegenteil von dem, was gestern Pastor Fritz gesagt hatte. Es war ganz enorm, verstohlene Blicke wanderten umher. Der Bericht wäre etwas für Dich gewesen, lieber Vater. Er gebrauchte ein großartiges Bild, erinnerte an die Weihnachtsbilder aus der Reformationszeit, wo in einer großen prächtigen Ruine ein kleines Notdach gebaut ist und darin das Kind in der Krippe. So steht auch die arme, verachtete BK mit ihrer Vorläufigen Leitung als Notdach mitten in den Ruinen der alten Kirche. Aber sie ist reich, denn sie hat das fleischgewordene Wort Gottes.
Vom Eid auf den Führer sprach er lange. Auch von der Haltung Bischof Wurms und davon, daß Altpreußen wahrscheinlich die Sache wieder anfechten müsse. Die Süddeutschen unter uns fühlten sich natürlich sehr getroffen und versuchten später, lebhaft zu protestieren. Ich

konnte sie verstehen, denn ich dachte daran, wir schreck-
lich es mir wäre, wenn jemand unseren Präses Humburg
angriffe – auch wenn der Angriff berechtigt wäre.

Später berichtete ich meinen Eltern von einem Gespräch,
das mich sehr betroffen gemacht hatte. Zwei Mädchen
kamen zu mir und beschwerten sich, daß wir ständig so ver-
gnügt seien und nicht genug an die Gefangenen dächten.
Wir hatten gerade einen traurigen Bericht von Martin
Albertz erhalten, Niemöller kämpfe mit Schwermut und
Paul Schneider, 41 Jahre alt, habe aus dem KZ um Geld für
ein Gebiß gebeten. Hatte man ihm etwa alle Zähne ausge-
schlagen? Dabei gab es keinen Tag, an dem nicht morgens
und abends für die Gefangenen gebetet wurde. Mein Vater
antwortete mir am 23. 5.:

Deine Anfrage, liebe Leni, ist mit meinem Bericht eigentlich schon beantwortet, denn in überaus schwerer und ernster Zeit waren wir froh über das, was Gott an uns getan
hatte. Es wäre unnatürlich, wenn ihr im Burckhardthaus
den Kopf hängen ließet, um mit äußeren Gebärden zu zeigen, wie sehr ihr unter der Not der Kirche leidet. Auch
davon gilt es in Abwandlung: Wenn ihr fastet, sollt ihr
nicht sauer sehen, sondern salbt euer Antlitz. Das ist ja
das Vorrecht der Christen, daß sie alle ihre Sorge auf den
Herrn werfen dürfen. Darum stirbt die fröhliche Zuver-
sicht und der dazugehörige Humor in der BK nicht aus.

So konnte ich mit gutem Gewissen die schönen Feste erleben, die wir miteinander feierten, das Singen und Musizie-
ren, die Ausflüge nach Potsdam und nach Wittenberg. In
der letzten Zeit hatte ich mich nachmittags in der Bibliothek
in Luthers Römerbrief vertieft. Seine Worte wirkten auf
mich wie Feuer. Am 20. Juni erzählte ich den Eltern:

Unsere Fahrt nach Wittenberg war ein großes Erlebnis!
Der Brunnen im Hof und das Katharinenportal! Und all
die Druckschriften! Dabei habe ich an uns gedacht. Es ist

enorm, wie die Leute damals gedruckt haben! Eine Broschüre nach der anderen haben sie auf den Markt geworfen. Alles kleine Heftchen, keine dicken Folianten für die Gelehrten! Mich interessierten besonders die Bilder und Handschriften Luthers, Käthes, aber auch die von Zwingli und Calvin, Capito, Bucer und den anderen allen. Wir waren auch in Luthers Arbeitsstube. Dort hielt uns ein pathetischer Kandidat einen so schauerlichen Vortrag, daß Lic. Anna, die würdige Lic. Anna, sich nicht mehr halten konnte und mit dunkelrotem Gesicht mit dem Lachen kämpfte. Daß es da auch um unsere Fassung geschehen war, könnt Ihr Euch denken.

Als alle fort waren, bin ich noch einmal zurückgegangen und hab' mich allein auf die alte Bank gesetzt und von früher geträumt. Hier wurden die Gedanken gedacht, die eine Welt veränderten! Hier wurden die Gespräche geführt, in denen Menschen Aufträge empfingen. Hier wurden manche von den Briefen geschrieben, an denen wir uns heute noch trösten und die Lieder gedichtet, die uns heute noch helfen. Es war sehr schön in der stillen, aber so laut redenden Studierstube Luthers.

Wie schnell ist man in Berlin von einem Ende zum anderen gefahren! So konnte ich die Sonntagnachmittage bei Niesels und Albertz', bei Chambons oder mit Margret Bethge zusammen bei der alten Frau v. Kleist-Retzow verbringen. Manchmal gab es auch Besuch, wenn die Vettern, die gerade in Berlin studierten, ins Burckhardthaus kamen, um bei Kaffee und Kuchen mit einigen von uns zu diskutieren. Zum Dank besorgten sie uns Theaterkarten. Mein Bruder Karl begann im April in Halle sein zweites Semester und kam zweimal für ein Wochenende nach Berlin herüber. Er war erstaunt über meine Kenntnisse in Kirchengeschichte, die uns von dem späteren Alttestamentler Dr. Claus Westermann so spannend dargestellt wurde, daß wir das Gefühl hatten, bei den Entscheidungen in Nizäa, Ephesus und Chalzedon dabeigewesen zu sein. Auch Karl war sehr angetan von den Vorlesungen in Halle, vor allem bei Prof. Ernst Wolf und seinem späteren Doktorvater Julius Schniewind. Ab und zu fuhren wir sonntags morgens ins Deutsche Museum. Wir liebten besonders die Rembrandt-Bilder, vor allem Jakobs Kampf mit dem Engel.

Die Berliner haben ihren eigenen Witz. Eines Tages erzählte Marianne Albertz, die Frau, die so gerne lachte und die so viele Tränen trocknen mußte: »Hast du schon gehört? Nach dem Dritten Reich kommt das Vierte Reich. Dann werden alle Pfarrer einen Fragebogen ausfüllen müssen. Die Frage Nummer 13 lautet: ›Waren Sie im Gefängnis? Und wenn nicht, warum nicht?‹« Von diesem Witz ging eine merkwürdige Kraft aus, von der ein Mann wie z. B. Lic. Wilhelm Niesel geprägt wurde. Bei der witzigen Aufzählung der Mitglieder des preußischen Bruderrates habe ich einen Vers behalten, der ihn kennzeichnen sollte:

Der dritte Mann, das ist Calvin,
W. Niesel heißt er in Berlin.
Nach Vorbestimmung leitet er
die Kirche stetig hin und her.

Am 29. 4. 1938 kam ein Erlaß vom Kirchenministerium, den der neue Leiter der Altpreußischen Union, der Deutsche Christ und Jurist Dr. Werner herausgegeben hatte:

... Aus der Erkenntnis, daß auch im kirchlichen Dienst Amtsträger nur sein kann, wer in unverbrüchlicher Treue zu Führer, Volk und Reich steht, wird folgendes verordnet: Wer in ein geistliches Amt berufen wird, hat seine Treuepflicht durch folgenden Eid zu bekräftigen: »Ich schwöre: Ich werde dem Führer des Deutschen Reichs und Volks Adolf Hitler treu und gehorsam sein, die Gesetze beachten und meine Amtspflichten gewissenhaft erfüllen, so wahr mir Gott helfe...

In den Sommerferien zu Hause lernte ich den 20 Jahre jüngeren Stiefbruder von Martin Albertz kennen, Heinrich. Er war mit einigen anderen illegalen Vikaren aus Berlin ins Wuppertal gekommen. Mit dem jungen Heinrich Albertz lernten wir die berühmt-berüchtigte Berliner Schnauze kennen. Unsere frommen Presbyter waren schockiert. Es dauerte eine längere Zeit, bis sie aus den lebendigen Predigten dieser jüngeren Männer erkannten, daß sie genauso zur Bekennenden Kirche gehörten wie die Wuppertaler. Mein Vater hatte an Heinrich Albertz seine helle Freude. Er verteidigte ihn gegen alle Angriffe.

Daß auch umgekehrt dieser junge Mann meinen Vater verehrte und liebte, habe ich erst viele Jahre später erkannt, als sein Bericht über den Gottesdienst meines Vaters nach der Pogromnacht am 9. 11. 1938 in der Gemarker Kirche in der ganzen Welt verbreitet wurde. Was damals »politische Predigt« hieß, hat Heinrich Albertz genau getroffen und geradezu klassisch formuliert. Später erlebte ich ihn zusammen mit Dorothee Sölle bei den Kirchentagen. Sein Rücktritt als Bürgermeister von Berlin nach der Erschießung des Studenten Benno Ohnesorg erfüllte uns mit Hochachtung, ebenso der Mut, mit dem er die RAF-Mitglieder als freiwillige Geisel begleitete.

Vom 11.–13. Juni traf sich in Berlin-Nikolassee die Preußensynode. Ein Anruf von Frau Niesel rief mich zum Helfen dorthin. Zugleich war das eine Gelegenheit, die Wuppertaler wiederzusehen: P. Humburg, Dr. Hermann Hesse, Herrn Halstenbach und Pastor Bockemühl aus Cronenberg. Auf dieser Synode wurde immer wieder die Frage gestellt: »Will der Staat wirklich den Eid?«

Für unsere Familie war dies ein schwerer Schlag. Noch war mein Vater nicht richtig genesen, da sollte er eine Entscheidung treffen, die an die Existenz ging. Hinter der Forderung nach dem Eid stand die Drohung, ohne Pension entlassen zu werden und das Pfarrhaus verlassen zu müssen. Da saßen die Eltern im Kreis ihrer Kinder und fragten sie: »Was ist eure Meinung?« Spontan rief die 17jährige Friederike: »Mach dir keine Sorgen, Vater. Ich arbeite als Putzfrau und ernähre uns alle...«

Wie eine dunkle Wolke hing die Drohung den ganzen Sommer über unserem Haus. Am 3. September kam dann die große Erleichterung. Reichsleiter Bormann hatte einen Brief an alle Gauleiter geschrieben, daß der Führer diesen Eid nicht verlange und kein Pfarrer Schwierigkeiten haben dürfe, der diesen Eid verweigere. Später hörten wir, Hitler habe gesagt: »Was nützen mir die verlogenen Meineide dieser evangelischen Pfarrer!« Am 9. 9. schrieb meine Mutter:

> ...Ja, das waren sehr, sehr schwere Wochen, als Vater plötzlich schwören sollte und alleinstand mit seiner ablehnenden fragenden Haltung. Wie hat mich Tag um Tag die Bitte bewegt: Sagt, ob der nicht helfen kann, dem die Himmel untertan? – Dann gab's plötzlich Erleichterung durch den Brief des Reichsleiters.

Mit bleichen Gesichtern saßen wir am 26. 9. 1938 am Radio und hörten Hitlers Rede zum Anschluß des Sudetenlandes an das Deutsche Reich. Diesmal schien es ernst zu werden. Bedeutete das Krieg? In dieser Lage entwarf Asmussen eine Gebetsliturgie, die in den evangelischen Kirchen in einem großen Bittgottesdienst bei Ausbruch des Krieges gehalten werden sollte. Die Männer der Vorläufigen Kirchenleitung stimmten zu und gaben sie mit ihren Unterschriften als einen Vorschlag für den Ernstfall an die Gemeinden heraus. Durch das Münchner Abkommen war dann alles hinfällig, und die Gebetsliturgie ist kaum irgendwo gebraucht worden. Aber den Redakteuren der Zeitschrift der SS »Das schwarze Corps« war ein Exemplar zugespielt worden. Ende Oktober erschien ein wütender Artikel, in dem die Leiter der BK als eine Schar von Verrätern und Dunkelmännern angeprangert wurden. Diese »defaitistischen« Bußgebete wurden als Vaterlandsverrat bezeichnet. Die Männer der VKL wurden vor Gericht gestellt, und es wurde ihnen gedroht, ohne Pension ihre Pfarrämter verlassen zu müssen. Das traf auch Martin Albertz und seine Frau Marianne. Ihm wurden die Rechte des geistlichen Amtes aberkannt.

Wir alle erlebten in der Gemeinde Dahlem mit, wie es unseren Pfarrer Fritz Müller traf. Er war der Vorsitzende der Vorläufigen Leitung, ein ernster, aufrechter Mann. Im Frühling 1938 hatte er seine Frau durch ein schweres Krebsleiden verloren. Nun wandte sich seine Gemeinde Dahlem, Niemöllers Gemeinde (!), gegen ihn und verbot ihm die Kanzel. Am 6. November predigte er zum letzten Mal in der Jesus-Christus-Kirche. Die berühmteste Bekenntnisgemeinde Deutschlands hatte ihm wegen der Gebetsliturgie ihre Kirche verschlossen.

Am Nachmittag des 2. November 1938 holte mich ein Telefongespräch von Frau Susanna Niesel aus dem Unterricht. Sie bat mich, gegen zehn Uhr abends im Gemeindehaus Steglitz zu sein: »Wir werden dort die ganze Nacht zu tun haben.« Ich bat um Urlaub und bekam von Frau Thiele die bezeichnende Antwort: »Früher wäre jemand, der das Burckhardthaus für eine Nacht verläßt, unverzüglich entlassen worden. Heute kann ich Ihnen nur für das, was Sie dort tun, Gottes Segen wünschen.« Frau Niesel hatte auch Frau v. Arnim-Lützlow eingeladen. Unsere Aufgabe bestand darin, Pfarrer und Älteste, die aus ganz Deutschland heimlich hier zusammengekommen waren, mit Kaffee, Brot, Säften und Rauchwaren zu versorgen. Unser Lohn war die Erlaubnis, in jedem freien Augenblick die Diskussionen zu verfolgen. Es ging um die Gebetsliturgie. Jeder, der es wagte, sich dafür einzusetzen, war in seiner Freiheit bedroht. Ich bemerkte die tiefe Niedergeschlagenheit der Versammlung. Einer stand auf und las den Vers vor, in dem Jesus sagt: »Denn wer ist unter euch, der einen Turm bauen will und setzt sich nicht zuvor hin und über-

schlägt die Kosten, ob er genug habe, es auszuführen?«
(Lk 14,28)

Dieses Wort schlug in der Versammlung ein wie ein Blitz. Es bestätigte scheinbar alle Zaudernden und Vorsichtigen und schien die Voranstürmenden zu bremsen und zur Vernunft zu rufen. Ja, Jesus selbst rief hier seine Kirche zur Vernunft auf, Stimmen wurden laut, die vor einem falschen Drängen ins Martyrium warnten. Da erhob sich ein junger, etwa 35jähriger Pfarrer, den ich noch nicht kannte. Sein Deutsch verriet, daß er aus Bayern kam. Sein Gesicht war sehr blaß, er sah aus wie einer, dem das Gefängnis nicht unbekannt war. Als Frau Niesel mir zuflüsterte: »Das ist Karl Steinbauer«, da wußte ich sofort Bescheid. Während seiner Gefängniszeit hatten wir in Barmen-Gemarke für ihn gebetet. Karl Steinbauer hielt sein Griechisches Neues Testament hoch und begann zunächst stockend, kam dann aber immer mehr in Fahrt. Dies waren ungefähr seine Worte:

... Wenn wir diesen Text für unsere Entscheidungen heranziehen, dann ist es wichtig, daß wir ihn richtig interpretieren. Zu wem sagt Jesus diesen Satz? Aus dem Zusammenhang wird völlig klar, daß er an Menschen gerichtet ist, die sich überlegen, ob sie in die Nachfolge Jesu eintreten wollen. Ihr beginnender Glaube und ihr neues Leben wird mit einem Turmbau verglichen. Sie müssen sich klarmachen, auf was sie sich mit der Nachfolge Jesu einlassen. Ganz anders aber ist die Lage derer, die sich bereits für Jesus entschieden haben. Für sie gilt von nun an, bedingungslos ihrem Herrn zu folgen. Sie haben die Zeit der Bedenklichkeiten hinter sich und dürfen nur nach dem Willen des Herrn fragen...

Zuletzt strahlte das Gesicht des jungen Pfarrers. Die Nebel der Unsicherheit, die die ganze Versammlung gelähmt hatten, schienen wie weggeblasen zu sein. Jeder wußte plötzlich, was zu tun war. Zügig konnte die Erklärung ausgearbeitet werden. Dieser junge Pfarrer Karl Steinbauer hatte den Weg dazu gewiesen. Daß er gerade aus Bayern kam, machte sein Wort besonders gewichtig, denn aus Bayern war man andere, vorsichtigere Töne gewohnt. Später begann man in der BK des Westens Karl Steinbauer als den »Löwen aus Bayern« zu bezeichnen. Dies, so scheint mir, war sein erstes wichtiges Votum für die ganze Bekennende Kirche.

Am schwersten traf uns alle in dieser Situation die Stellungnahme der lutherischen Bischöfe, die voller Entrüstung beteuerten, daß »sie sich nun nicht mehr mit den Brüdern der VKL an einen Tisch setzen könnten.« Hatte Kirchenminister Kerrl sie zu dieser Stellungnahme gezwungen?

Am 9. 11. 1938 kam die Nacht, die den schlimmen, verharmlosenden Namen »Kristallnacht« bekommen hat. Im ganzen Reich brannten die Synagogen, wurden jüdische Geschäfte und Wohnhäuser geplündert und die jüdischen Männer verhaftet. Mein Vater schrieb am 12. 11. an seinen Sohn Karl:

Ich las heute morgen 5. Mose 28, wo besonders in den letzten Worten aus Gottes Mund alles gesagt ist, was heute über dies Volk geht. Aber wehe denen, die ohne Erbarmen dem Volk, das doch das Volk der Verheißung ist und bleibt, so zusetzen. Auch in Wuppertal erlebten wir am 10. 11. den Hexensabbat.

Am 19. November schrieb er:

Auch hier gab's wieder Entscheidungen. Sonntagmorgen hatte ich die Predigt in Gemarke. Da habe ich folgende Bibelabschnitte gelesen, so daß die Gemeinde wußte, was Gottes Wort zu den Ereignissen sagt.

Die Gemeinde erinnerte sich später an Jer 31,20: »...ist nicht Ephraim mein geliebter Sohn?« und Sach 2,12: »Wer euch antastet, der tastet meinen Augapfel an.«
Später hat man der Vorläufigen Leitung der Bekennenden

Kirche vorgeworfen, daß sie kein Wort zum Judenpogrom am 9. 11. 1938 gefunden habe. Sie war ja nicht mehr handlungsfähig, da die Männer wegen der Gebetsliturgie aus dem Amt gejagt und vor Gericht gestellt waren. Dazu hatten sie alle Reichsredeverbot bekommen. Das habe ich selbst in Berlin bei Martin Albertz und Fritz Müller in Dahlem gesehen.

Auch in Berlin waren wir aufs tiefste erschüttert. Die Mitarbeiterinnen hatten die furchtbare Verwüstung in den Straßen um den Kurfürstendamm gesehen. Sie hatten die zerborstenen Konzertflügel gesehen und beobachtet, wie die HJ in besonders roher Weise die Geschäfte der Juden zertrümmert hatte. Fast alle Berliner Synagogen waren abgebrannt. Eine Mitarbeiterin hatte morgens ein junges Mädchen auf dem Kurfürstendamm gesehen, das barfuß, im Nachthemd und blutüberströmt über den Bürgersteig gelaufen kam. Ein Auto mit dem Kennzeichen der Französischen Botschaft hielt und nahm das weinende Mädchen mit, an dem alle deutschen Autofahrer vorbeigefahren waren.

Zum 80. Geburtstag von Prof. Gollwitzer habe ich meine Erinnerungen zu diesem Ereignis aufgeschrieben:

Sechs Tage später, am Bußtag, dem 16. November 1939, gingen wir um 9.30 Uhr in das Dahlemer Gemeindehaus. Wir sahen, daß die Straßen, die vom U-Bahnhof herkamen, voller Menschen waren. Das Gemeindehaus war bis auf den letzten Platz besetzt. Nach dem Lied: »Aus tiefer Not schrei ich zu dir« kam P. Lic. Gollwitzer nach vorne. Er war ohne Talar, nur im schwarzen Anzug. Sein Gesicht war bleich, fast maskenhaft. Er las die Zehn Gebote vor. Nach kurzer Liturgie und dem Bußgebet begann die Predigt. Hatten schon vorher die Zehn Gebote wie Hammerschläge gewirkt, so tat es nun die Lesung des Predigttextes noch mehr. Gollwitzer fragte in der Predigt die Gemeinde, wie sie es wagen könne, hier so einfach hereinzukommen und einen Gottesdienst zu halten, als sei nichts geschehen. Es fiel der Satz, Gott müsse sich ekeln vor dem Geplärr unserer Lieder (Am 5, 23). Der Satz des Täufers: »Ihr Otterngezücht, wie werdet ihr dem höllischen Feuer entrinnen?« war der eigentliche Predigttext (Lk 3, 3–14). Die Zuhörer wagten kaum zu atmen. Mit großen entsetzten Augen verfolgten wir die Predigt. Wenn man sie heute liest, wundert man sich, wie kunstvoll das umschrieben ist, was der Prediger eigentlich sagen wollte. Es war die einzige Art, wie man damals predigen konnte.

Als Pfarrer Gollwitzer zu der Frage der Menschen kam: »Was sollen wir denn tun?«, da fragten sich manche Predigthörer, was jetzt wohl von ihnen erwartet würde. Gollwitzer sah aus wie einer, der mit dem Schlimmsten rechnete. Ausweisung aus der Gemeinde, Einweisung ins Gefängnis, das alles war bedacht. Aber darauf konnte er jetzt keine Rücksicht mehr nehmen. Es ging nur um eines: Der Gemeinde das Gotteswort zu sagen, das sie in dieser Stunde hören mußte.

Was sollen wir denn tun? Diese Frage ließ uns junge Mädchen nicht mehr los. Als Lic. Gollwitzer das nächste Mal zum Unterricht kam, fragten wir ihn, ob es wohl möglich sei, wenigstens die Judenchristen zu besuchen, die zur Dahlemer Gemeinde gehörten. Gollwitzer nickte. Vier oder fünf von uns gingen ins Gemeindebüro des Pfarrhauses Niemöller. Dort war diese Aktion schon angelaufen. Jede von uns bekam drei Adressen. Wir kauften Blumen und machten uns an einem Nachmittag auf den Weg. Ich klingelte überall vergeblich. Die Studienrätin auf meiner Liste war schon nach Holland emigriert, und die beiden Familien hatten Deutschland in Richtung Südamerika verlassen, wie mir die Hausbewohner sagten. Aber meine Mitschülerinnen gaben abends ergreifende Berichte über ihre Erlebnisse. Sie hatten auch zwei Drittel der Menschen nicht mehr angetroffen, aber mit den anderen hatten sie gesprochen. »Ich habe bei ihnen gesessen und mit ihnen geweint«, sagte eine.

In der nächsten Stunde berichteten wir Gollwitzer über unsere Erlebnisse. Er nahm gerade Lukas 5 (Der Fischzug des Petrus) durch. Bei dem Satz: »Aber auf dein Wort« schaute er uns an und sagte: »So ist es auch Ihnen ergangen. Ich kann mir vorstellen, welche Angst Sie vor diesen Besuchen gehabt haben. Aber Sie haben sich auf den Weg gemacht und Mut gefaßt.«

Dieser November brachte uns noch ein Erlebnis, das alle im Burckhardthaus in tiefe Trauer versetzte. Unser Leiter, P. Otto Riethmüller, starb ganz plötzlich am 20. 11. 1938 nach einer Operation. Er war erst 49 Jahre alt. Jeden Tag kam einer der Pfarrer in unser Haus, um uns mit einer Andacht zu trösten. Pfarrer Gollwitzer, P. Westermann und P. Fritz Müller sprachen zu uns. Für mich war diese Trauerwoche eine Vorahnung auf den Krieg, als wir nicht nur den Vater, sondern auch drei Geschwister hergeben mußten. Bei der Trauerfeier in der Jesus-Christus-Kirche sprachen P. Fritz v. Bodelschwingh und der Bruder meiner Mutter, Udo Smidt, ein naher Freund Riethmüllers.

1939
Das Jahr, in dem der Krieg begann

Nach schönen Tagen im Elternhaus begannen im Januar
1939 die letzten Wochen vor dem Examen. Schon im Herbst
hatte man mir und einem anderen Mädchen eine halbe Frei-
stelle angeboten, die wir mit Dankbarkeit annahmen. Ich
wußte nicht, daß die Eltern sich bei einem Bruder meiner
Mutter Geld leihen mußten, um für Karl und mich die
Gebühren zu bezahlen. Aber die Sache mit den reduzierten
Studiengebühren hatte einen Haken: Wir beide mußten uns
verpflichten, mindestens zwei Jahre Dienst in einer Gemeinde zu tun. Sollte eine von uns in dieser Zeit heiraten, dann
müßte sie das Studiengeld zurückzahlen. In unserem Vierer-
club hatten sich zwei der Freundinnen in den letzten
Wochen verlobt. Alle drei wollten im kommenden Jahr heiraten. Als meine Eltern von dieser Bedingung erfuhren,
waren sie sofort bereit, lieber den vollen Satz zu bezahlen,
als ihrem Kind solch eine Last aufzuerlegen. Diese Liebe
der Eltern rührte mich tief. Sie machte es mir leicht, doch
auf die Bedingungen einzugehen.

Zu Weihnachten hatte ich die große Jahresarbeit abgege-
ben, deren Thema sich jede selbst wählen durfte. Meine
Arbeit hatte den Titel: *Menschen in Anfechtung.* Ich setzte
mich darin mit dem Schicksal Jakobs (Kampf mit dem
Engel), Hiobs und mit dem Tod Johannes des Täufers aus-
einander. Mir wurde erst später klar, daß ich mit dieser
Arbeit alle Not der letzten Jahre aufarbeiten konnte. Mein
Vater hatte das besser verstanden als ich. Er schrieb mir am
7. 1. 1939:

Besonders eines solltest Du üben, die Vergangenheit ruhen zu lassen und getrost und froh der Zukunft entgegenzugehen. Ich meine, diese Jahresarbeit könnte da auch einen gewissen Abschluß bedeuten.

Vom 28.–31. 1. 1939 fand in Berlin-Nikolassee die Epiphaniassynode statt. Zwei von uns bekamen einen Tag frei, um zu helfen. Es ging um das Schicksal der jungen illegalen Vikare, die vor der Frage standen, ob sie nicht ihr Examen vor dem Konsistorium, das von Deutschen Christen durchsetzt war, wiederholen sollten, um dadurch legal ins Pfarramt zu kommen. Am 31. 1. schrieb ich darüber an die Eltern:

> ...und von allem, was mir und Euch auf der Seele brennt, darf ich nichts schreiben. Jedenfalls wißt Ihr, ich war dabei, und ich habe viel an Dich, lieber Vater, gedacht, der Du nun immer noch in der Stille bleiben mußt. Daß alles *so* ausging, daß der Weg weitergegangen wird, daß die Kirche es wagt, »von Gottes Hand gehalten über dem Abgrund zu schweben« (Humburg), das ist ein Wunder. Inzwischen wirst Du ja einen genaueren Bericht haben.

In Wuppertal hatte sich derweil einiges zugetragen. Mein Vater berichtete meinem Bruder und mir im Februar 1939, daß dort eine Welle von Verhaftungen im Gange sei. Pastor Dr. Humburg und P. Johannes Schlingensiepen, der für die illegalen Vikare und Hilfsprediger verantwortlich war, wurden verhaftet. Die Vikare, die man bei einer Zusammenkunft überrascht hatte, wurden zu langen Verhören mitgenommen. Meine Mutter berichtete von der Predigt meines Vaters, die er für P. Humburg gehalten hatte:

> Vom Weg der BK hat er auch gesprochen – kein Abenteuer, kein menschlicher Trotz und Heroismus, keine politische Reaktion, sondern der Weg des Gehorsams gegen

den Herrn der Gemeinde, ein Weg, der nur im Glauben gegangen werden kann...

Vier Tage später erzählte mein Vater von einer schweren Vernehmung im Pfarrhaus Klingelholl durch einen »bösen unangenehmen« Gestapo-Mann:

Ehe ich kam, hatte er Mutter sehr übel angepöbelt. Aus seinen höhnischen Worten klang es mir entgegen: »Wo ist nun dein Gott?« Er fragte: »Sie haben doch gehört, was der Führer über Sie und Ihresgleichen gesagt hat?« Ich antwortete: »Ja, ich las das Wort ›vernichten‹.« Es scheint in der Tat, als wollte man jetzt mit allen Mitteln der Kirche zu Leibe rücken. Aber wir halten uns an des Herrn Wort: »Seid getrost, ich bin's, fürchtet euch nicht.«

Wir erlebten im Burckhardthaus in unserer Examensklasse ein gespanntes Fragen nach der Zukunft. Es gab für jede von uns Arbeit genug in der Kirche. Da die Jugendarbeit nicht mehr in den Verbänden getan werden durfte, hatten viele Gemeinden eine eigene Jugendarbeit ganz im stillen aufgebaut. Ich entschied mich nach langem Überlegen für Detmold. Dort war schon eine beginnende Jugendarbeit im Gange. Ich sollte im Hause meines Chefs P. Hermann van Senden wohnen. Das Ehepaar van Senden war mit uns befreundet und entfernt verwandt. Ich würde dort viel lernen können und von Freundlichkeit umgeben sein.

Inzwischen bekam ich die Nachricht, daß mein Vater für einige Tage nach Berlin kommen würde, um an zwei Sitzungen des preußischen Bruderrates teilzunehmen. Er konnte bei Niesels wohnen. Am Samstag besuchte er morgens P. Fritz Müller in Dahlem, den »heimlichen Bischof der BK«. »Ich fand einen einsamen und verbrauchten Mann«, schrieb mein Vater damals.

Es war eine vertrauensvolle Aussprache. Am Nachmittag

fuhren wir zusammen zu Martin und Marianne Albertz, wo wir mit großer Liebe aufgenommen wurden. Die Berichte von Martin Albertz setzten mich in mancher Hinsicht erst recht ins Bild. Der Sonntag war ein herrlicher Tag. Ich war gerade fertig, da stellten sich die Kinder ein. Leni hatte Karl vom Anhalter Bahnhof abgeholt. Morgens waren wir miteinander im Dahlemer Gemeindehaus bei Gollwitzer, der eine rechte evangelische Predigt über das Wort vom Kreuz hielt. Nachher traf ich allerhand alte Freunde. Dr. Fiedler war wieder ganz hergestellt, ebenso begrüßte mich Dr. Hermann Ehlers. Mittags waren wir bei Niesels und am Nachmittag zum Tee bei Fräulein Thiele zusammen mit Marianne v. Oettingen. Heute morgen konnte ich noch einmal Frau Niemöller besuchen. Welche Hochachtung empfand ich dieser tapferen Frau gegenüber.

Aus jedem Satz dieses Briefes an meine Mutter sehe ich, wie sehr der Kampf der Kirche diese Männer zu Freunden gemacht hatte, wie einer für den anderen einstand. In diesen Tagen erfuhren mein Bruder und ich, daß Dr. Schulz und seine Frau mehrere Male bei uns gewesen waren. Margarete Schulz hatte vergeblich versucht, mit ihren Kindern nach England auszuwandern. Auch die Bewerbung als Tropenarzt bei der Mission in Basel hatte sich zerschlagen. Als im April alle Gymnasien für halbarische Schüler geschlossen wurden, führte mein Vater ein langes Gespräch mit dem Direktor des Dörpfeld-Gymnasiums. Unbemerkt konnte der älteste Sohn der Familie Schulz drei Jahre in unserem Hause leben und 1942 mit Adalbert zusammen ein gutes Abitur machen. Er bekam eine Stelle als Praktikant in einem Hamburger Handelshaus.

Ende Februar feierte ich in großer Runde mit Mitschülerinnen und Lehrern meinen 24. Geburtstag. Meine Mutter schrieb mir:

...wie sehr sind meine Gedanken bei Dir, und ich weiß, daß ich nichts anderes tun darf, als dem Gott, der Treue hält und sie uns bewiesen hat in mancher Not und Traurigkeit, zu danken. Wunderbar war's, als er Dich uns vor 24 Jahren in die Arme legte und uns dann all die Lust und Freude an Dir erleben ließ. Und die Jahre der Not und der großen Mühsal, wie sie der Kampf um eine erneuerte Kirche mit sich brachte, kann ich mir ohne Dein festes und tatenfrohes Zugreifen gar nicht vorstellen. Wie liegt mir noch die Nacht im Sinn, als wir die Nachricht von Vaters schwerer Erkrankung bekamen und Du mich so lieb getröstet hast. Ich muß Dir einmal ganz von Herzen danken...

Der Monat März war für unsere Familie eine spannungsvolle Zeit. Unsere Cousine Elisabeth schloß ihre Zeit bei uns mit dem Abitur ab, und meine 18jährige Schwester Alida beendete ihre Ausbildung mit dem Examen als Kindergärtnerin und Hortnerin. Als einzige der Klasse bekam sie vom Direktor einen Preis überreicht, ein Buch über Hermann Göring. Sie hat es nie gelesen. Aber mit diesem Buch war auch eine Stelle in einem städtischen Kindergarten verbunden, eine sichere Anstellung. Leider hieß es nach kurzer Zeit: »Wir können Ihnen die Stelle nicht geben, da Sie aus einem politisch unzuverlässigen Elternhaus kommen.« Ähnlich erging es unserer Schwester Waltraut, als sie sich um einen Studienplatz an der Universität bewerben wollte. Zunächst sollte sie eine Unterschrift leisten, in der es um ihre politische Zuverlässigkeit ging. Eine der Fragen hieß: »Bejahen Sie die Weltanschauung des Führers?« Waltraut ging später ins Martin-Luther-Krankenhaus, in dem ihr Vater gelegen hatte, und bekam eine ausgezeichnete Ausbildung als Krankenschwester im Diakonieverein.

Am 19. März 1939 wurde der 15jährige Adalbert konfirmiert. Ich hatte ihm einen langen Brief geschrieben. Nun setzte sich der Junge gleich am Konfirmationstag hin und antwortete mit einem Brief, der sowohl seine innere Haltung als auch die starke Zuneigung zeigt, die uns Geschwister miteinander verband. In aller Angst und Unsicherheit hatten wir uns um so fester zusammengeschlossen.

Meine Mutter schrieb einen langen Brief über Adalberts Konfirmation. Gewöhnlich suchte der Konfirmand sich einen besonderen Freund aus, mit dem er zusammen zur Einsegnung nach vorne ging. Bei Adalbert hatte das eine besondere Geschichte. Ein Jahr vorher hatte ein Mitschüler ihm in der Pause einen Bogen Papier mit einer Stecknadel an der Rückseite seines Pullovers festgemacht. Darauf stand geschrieben: »Achtung! Vater Volksverräter!«

Es dauerte einige Minuten, bis Adal an dem Gelächter der anderen Jungen merkte, was man ihm angetan hatte.

Später kam dieser Junge, ein Mitkonfirmand, immer öfter zu meinem Bruder und bat ihn schließlich, ob er mit in den Bibelkreis kommen dürfe. Zuletzt hatte er bei Pastor Specht angefragt, ob er wohl mit Adalbert Immer zur Konfirmation gehen dürfe. Dieses Erlebnis war meinen Eltern deshalb so wichtig, weil sie sich immer wieder fragten, ob die Kinder keinen Schaden nahmen, wenn sie in den Kampf des Vaters hineingezogen würden. Hier war alles zuletzt doch gut ausgegangen.

Inzwischen rückte das Examen immer näher. Wir freuten uns, daß der Leiter des Ausbildungsreferates der BK, Sup. Martin Albertz, uns besuchte. Von dieser Stunde, die uns einer hielt, der schon mehrere Male im Gefängnis gesessen hatte, waren wir alle tief bewegt. Ich schrieb am 7. 3. nach Hause:

> Er hat uns noch einmal klar gemacht, was ein Bote Jesu Christi ist: einer, der mit seiner Existenz eintritt für das, was er sagt...

Zehn Tage vor dem Examen legte ich mich mit hohem Fieber und einer tüchtigen Grippe ins Bett. Die Klausur mußte ich verschieben, aber zu der Katechese war ich einigermaßen wiederhergestellt. Dazu wurden aus einem Heim zwei Gruppen von Fürsorge-Mädchen geholt, von denen jede Gruppe sechs Lehrproben über sich ergehen lassen mußte. Ich hatte die sechste und nahm an, die Prüfer wie auch die jungen Mädchen würden dabei einschlafen.

Lic. Anna flüsterte mir hinterher zu: »Es war sehr schön...« Dieses »sehr schön« war mir eine große Ermutigung für die spätere Arbeit.

Zu der üblichen Examensaufregung kam noch eine Komplikation. Etwa die Hälfte der Klasse hatte sich überlegt, wir wollten um das Siegel der VKL auf unserem Zeugnis bitten. Das kleine Siegel des Burckhardthauses schien uns in dieser schwierigen Zeit nicht genug zu sein. Wir ahnten, daß schwere Situationen auf uns zukommen würden. Zwar wußten wir nicht, daß wir Verhöre durchstehen und vielleicht Ähnliches erleben müßten wie unsere Freundin Dora v. Oettingen, die wegen ihrer Mitarbeit in der Bekennenden Kirche sechs schwere Monate z. T. in einem Käfig auf dem Flur eines Gefängnisses verbrachte. Aber vieles, was wir tun würden, mußte einfach illegal sein, wie die erste Jugendfreizeit, die ich im Sommer 1939 in Bethel im Hause meiner Verwandten Tegtmeyer durchführen würde. Wir brauchten den Stempel unserer Leitung der Bekennenden Kirche.

Es gab einen ziemlichen Sturm. Einige sahen in dem Stempel eine illegale Angelegenheit, die ihnen alle Zukunftschancen verderben würde. Aber wir 16 blieben fest. Wir baten Gollwitzer und Dr. Böhm um Schützenhilfe. Wir merkten, daß sie zuerst ein wenig lächelten über diese eifrigen jungen Mädchen, denen es doch so ernst war. Auch P. Fritz Müller aus Dahlem sah uns mit großen überraschten Augen an. Dann belebte sich sein trauriges Gesicht. Er dachte daran, wie verachtet die VKL in jenen Wochen war. Er drückte jeder von uns die Hand und sagte: »Für uns angefochtene Männer ist Ihr Wunsch eine Glaubensstärkung.« Nach vielen Diskussionen beschlossen wir, daß diejenigen, die sich das Siegel wünschten, Fräulein Thiele heimlich einen Zettel mit ihren Namen zustecken sollten. So erfuhr später niemand, wer das Siegel hatte und wer nicht.

Es war ein großer Augenblick, als am Abend des 21. März alle das Examen bestanden hatten. Frau Oberin lud uns zu sich ein, und Dr. Lilje, der spätere Landesbischof von Hannover, erzählte uns von Begegnungen mit besonderen Menschen, vor allem von John Mott, dem großen Evangelisten.

Die Tage in Chorin ließen uns ganz zur Ruhe kommen. Dr. Westermann hielt eine Abendmahlsfeier, die wir wie eine Aussendung empfanden. Sein Predigttext war der aaronitische Segen: »Der Herr segne dich und behüte dich...« Er legte das so aus, daß das Angesicht Gottes dann am meisten über uns leuchtet, wenn wir im Dunkeln sind. Und daß der Friede Gottes uns dann am nächsten ist, wenn wir in seinem Kampfe stehen.

Während ich im Zug saß und nach Hause fuhr, schrieb mein Vater mir aus dem Glottertal einen Brief:

Nun ist das Jahr abgeschlossen, dessen Durchführung wir in einer Zeit großer Not beschlossen und vorbereiteten. Dazu gehört vor allem die schöne Oberstdorfer Zeit mit ihrer gemeinsamen Arbeit und ihren gemeinsamen Spaziergängen. Es war ja ein rechtes Wagnis, die Ausbildung in einem Jahr zu schaffen. Wie freue ich mich, daß Du nun fertig bist. Ich hoffe auch, daß Du den eingeschlagenen Weg nicht bereust, sondern in Gottes Namen an die Arbeit gehst, die Dir nun aufgetragen ist...

Wenn ich heute diesen Brief lese, dann denke ich daran, daß diese Jugendjahre trotz aller Schwierigkeiten und Ängste doch glücklich und geborgen waren in der Liebe solcher

Eltern. Wir sieben Geschwister brachten aus all dem, was wir in der Kindheit und Jugend erlebten, einen Fundus aus Liebeskraft und Vertrauen in die Führungen Gottes mit, der uns stark machte für die Kämpfe des Lebens.

Dieses Jahr hatte mir so viel gegeben, daß ich mein ganzes Leben lang davon zehren konnte. Neue Horizonte und neue Erkenntnisse hatten sich aufgetan, Möglichkeiten, weiter zu lernen und die Bibel in ihrer Bedeutung für unser modernes Leben tiefer zu verstehen. Ich dachte an unsere großartigen Lehrer, an die beiden Frauen, die unsere Schule leiteten und die uns lebenslang Vorbilder blieben, auch wenn wir ihre kleinen Schwächen lächelnd erkannten.

Dann wanderten die Gestalten der Freundinnen und Mitschülerinnen noch einmal an mir vorbei. Im Zusammensein mit ihnen hatte ich selbst mich besser erkannt, meine Schwächen und meine Stärken. Ich hatte Mut gefaßt und fühlte mich der Arbeit, die auf mich zukam, gewachsen.

Viel hatte uns allen auch die Gemeinde Dahlem gegeben. Da hatten wir Gottesdienste und Abendmahlsfeiern erlebt, die uns geholfen hatten. Zuletzt besuchte ich noch einmal in Gedanken die Freunde meines Vaters, die nun auch meine Freunde geworden waren. Ich hatte sie in ihrem Heim kennengelernt und Güte und Gastfreundschaft erfahren. Nie würde ich die Gespräche bei Niesels vergessen, die Erlebnisse und das Lachen bei dem lieben Ehepaar Albertz, die Tränen in Frohnau bei Chambons und die herzliche Umarmung, mit der Freifrau Ruth v. Kleist-Retzow Margret Bethge und mich begrüßte.

Später habe ich dieses Jahr in Berlin zu den schönsten Jahren meines Lebens gezählt.

Meine Jugend war damit abgeschlossen. Ich schickte mich an, auf eigenen Füßen zu stehen. Es öffnete sich das Tor in ein neues Leben.

Ausblick

Und wie ging es weiter?

Am 1. September begann der Zweite Weltkrieg. Mein Bruder Karl wurde sofort eingezogen. Er erlebte den Frankreichfeldzug mit und wurde an der Aisne schwer verwundet. Das vereiterte Bein brachte ihm Studienurlaub und die Möglichkeit, das erste Examen und später den Dr. theol. (damals noch Lic. theol.) bei seinem verehrten Lehrer und Freund Prof. Julius Schniewind zu machen.

Am 1. Mai 1941 stellte meine Heimatgemeinde Gemarke mich als Gemeindehelferin für drei Bezirke, später für fünf Bezirke ein. Ich übernahm die Jugendarbeit und ersatzweise den Religionsunterricht für die Kinder und bald auch für die Schülerinnen der Mittel- und Oberstufe des Mädchengymnasiums Sternstraße. Im Jahr 1942 wurde der Religionsunterricht an den Schulen verboten und konnte nur noch in kirchlichen Räumen stattfinden. In dem Bezirk meines Vaters hielt ich den Vorkatechumenen- und den Katechumenenunterricht.

Meine Schwester Waltraut und später auch Friederike gingen ins Martin Luther-Krankenhaus nach Berlin und erlebten dort die furchtbaren Bombennächte mit. Die Erlebnisse im Kirchenkampf hatten uns Kinder gelehrt, früh Verantwortung zu tragen, verschwiegen und mutig zu sein. Waltraut wurde daher sehr bald nach dem Examen eine Station mit verwundeten Soldaten anvertraut. Friederike wurde 1945 von der Oberin als einziger Schwester der Mut zugetraut, eine hohe Geldsumme aus dem von Russen eingeschlossenen Berlin herauszubringen und mit Heerestransporten und Flüchtlingstrecks sicher in das Krankenhaus in

Lübeck zu bringen. Alida arbeitete als Kindergärtnerin in einem Kinderheim bei Detmold.

Ostern 1942 machten Adalbert und Arnold Schulz zusammen das Abitur. Adalbert wurde Soldat. Schon wenige Monate später fiel der Achtzehnjährige am 26. August 1942 in Rußland. In seinen Briefen versuchte er uns schon im voraus zu trösten. Dieser erste Tod traf uns alle hart, besonders die Eltern.

In jener Zeit hatte ich ein Erlebnis, das mich nie wieder losgelassen hat. Während einer Eisenbahnfahrt saß ich alleine mit einer jungen Frau in einem schmutzigen Abteil. Sie war traurig und weinte. Plötzlich schien sie einen Entschluß zu fassen, richtete sich auf und sah mich an. Sie sagte: »Wir beide sind hier allein. Sie kennen mich nicht, und ich kenne Sie nicht. Ich muß Ihnen etwas sagen, was niemand wissen darf. Mein Mann war bis jetzt in Polen im Einsatz. Er ist Mitglied der SS und Soldat. Wissen Sie, was dort geschieht? Da werden Juden getötet. Man sperrt sie in die Synagogen ein und wirft Brandsätze durch die Fenster. Alle kommen um, Männer, Frauen und Kinder, sogar die Säuglinge in den Armen der Mütter. Neulich haben sie Hunderte in eine enge Schlucht geführt und zu beiden Seiten Dynamit gezündet, so daß die Erdmassen die Menschen unter sich begruben. Können Sie sich das vorstellen?«

Ich sah die Frau voller Entsetzen an. Sie fuhr fort: »Woher ich das weiß? Mein Mann spricht nachts im Schlaf. Wenn ich ihn dann wecke, erzählt er mir, was sie dort tun müssen. Und jetzt fahre ich zu ihm ins Lazarett, er hat sich in der Kälte eine Lungenentzündung geholt. Ich habe solche Angst vor dem Wiedersehen. Wie kann ich ihn umarmen und küssen, – er ist doch ein Mörder, der Vater meiner Kinder – ein Mörder...«

Ich wußte kein Wort des Trostes für diese Frau.

Von da ab wurde ich hellhörig für Andeutungen und kurze Sätze, die in den Berichten der Soldaten aus dem Osten vorkamen. Das ganze Ausmaß des Holocaust erfuhren wir ja erst später.

In der Anstrengung des Neuaufbaus schüttelten viele Deutsche später diese Last der Schuld einfach ab und verdrängten die quälenden Erinnerungen. Aber es waren gerade die Männer und Frauen der Bekennenden Kirche, die diese Schuld auf sich nahmen und sich später auch um ein neues Verhältnis zum jüdischen Volk bemühten.

Zu Weihnachten schenkten wir den Eltern noch einmal ein Heft, in dem jeder seine Erinnerungen an Adalbert aufgeschrieben hatte. Der 16jährige Udo gab sich besonders viel Mühe. Er flüsterte mir eines Abends zu: »Damit ihr auch von mir etwas habt, wenn ich gefallen bin...«

In jenen Jahren bereitete ich mit der Gemeindejugend zu jedem 1. Advent eine Sprechchoradventfeier vor, bei der mehr als 80 Jungen und Mädchen mitmachten. Etwa 1000 Menschen kamen in die Immanuelskirche, um die neuen Verse und Lieder unserer Lieblingsdichter Jochen Klepper, Manfred Hausmann, Reinhold Schneider und Rudolf Alexander Schroeder zu hören und mitzusingen.

Im April 1943 feierten wir die Hochzeit unseres Bruders Karl mit Edith Halstenbach. Mit ihrer Familie waren wir schon durch lange Jahre befreundet. Aber dann mußte Karl wieder Soldat werden und als Feldwebel in Dänemark Rekruten ausbilden.

Um die Bekennende Kirche war es sehr still geworden. Sie lebte fast nur noch im Untergrund. Im Herbst 1943 trafen sich Mitglieder der Altpreußischen Synode zum letzten Mal in Breslau. Dies war das einzige Mal, daß sie etwas gegen die Verfolgung und Tötung der Juden zu sagen wagten.

Bisher hatte der Bombenkrieg die Stadt Wuppertal mehr oder weniger verschont. Aber am 30. Mai 1943 traf es den Stadtteil Wuppertal-Barmen mit ganzer Wucht, es gab mehr als 8000 Tote.

Unsere Eltern waren zur Kur in Bad Meinberg, so mußten der 17jährige Udo und ich alleine mit dieser neuen Situation fertigwerden. Udo rettete mit einer Schar Freiwilliger zwei Häuser in der Nachbarschaft. Ich nahm 4 Familien in unser Haus auf und versuchte, sie zunächst auch zu verpflegen. Als nach acht Tagen die Eltern zurückkamen, wurden in unserem Wohnbezirk gerade die vielen Toten von der Polizei freigegeben. Jeden Tag begleitete ich meinen Vater zum Friedhof und spielte bei den Trauerfeiern die Orgel.

Zwei Monate später fuhr ich mit 30 Mädchen nach Tiefenbach im Allgäu, um zusammen mit Marianne von Oettingen im evangelischen Erholungsheim eine Bibelfreizeit zu halten. Wir durften uns immer nur zu vieren oder fünfen auf der Straße zeigen, um die Polizei nicht aufmerksam zu machen. In der großen Küche der Frauenschaftsführerin, die verreist war, hielten wir morgens unsere Bibelarbeit. Diese besonders schöne, aber verbotene Freizeit lief unter dem Motto: »Bombengeschädigte Jugendliche brauchen Erholung.«

Auf was für ausgefallene Ideen wir kamen, um die geheime Staatspolizei hinters Licht zu führen, zeigt der Brief einer Mutter. Sie bat mich, in den Herbstferien auf ihre Tochter und ihre Freundinnen aufzupassen, die in ihrem Sommerhaus ihre Ferien verbringen wollten. Auch so konnte man eine Bibelfreizeit tarnen.

In der Kriegszeit schickten wir mit wechselndem Absender vervielfältigte Briefe an die Soldaten des Pfarrbezirks. Einmal hatte ich meinen Absender auf die Briefe gesetzt. Ich bekam prompt eine Vorladung von der Gestapo. Dies traf meinen Vater härter als mich. Es war das einzige Mal, daß ich ihn ängstlich gesehen habe. Verzweifelt rief er: »Mein Kind, du wirst alles verraten!« Ich antwortete: »Vater, glaubst du, daß nur du alleine glaubensstark und tapfer bist? Ich bin doch auch ein Christ!« Da wurde er still. Die Eltern umarmten mich wie für einen langen Abschied.

Ich wurde von zwei SS-Männern ins Polizeipräsidium geführt. Viermal schlossen sie die Tür hinter mir. Dann stand ich vor etwa sechs Polizisten. Als sie anfingen, mir wegen der verbotenen Briefe Vorwürfe zu machen, lächelte ich sie harmlos an und sagte: »Wie kann es verboten sein, unseren Soldaten Mut zu machen? Es tut ihnen doch gut, wenn sie einen Gruß aus der Heimat bekommen!« Gegen dies Argument kamen sie nicht an. Sie baten mich schließlich sogar freundlich, ihnen das Protokoll aufzusetzen. »Sie können sich besser ausdrücken als wir!« So kam ich schon nach drei Stunden wieder nach Hause.

Im März 1944 wurde Ediths und Karls erster Sohn geboren. Er bekam den Namen Adalbert. Seine Taufe zu Ostern war das letzte schöne Fest in unserer Familie.

Ende April erlitt unser Vater den zweiten Schlaganfall, an dessen Folgen er in der Nacht der Invasion am 6. Juni 1944 in Bad Meinberg verstarb. Er starb im Schlaf, erst 56 Jahre alt.

Hunderte von Menschen kamen zu seiner Beerdigung. Die Predigt hielt Pastor Obendiek über den Spruch, den der Verstorbene sich selbst gewünscht hatte: »Wohl denen, die in deinem Hause wohnen, die loben dich immerdar.« (Ps 84, 5)

Als wir später im Familienkreis zusammensaßen, sagte einer der Brüder meines Vaters: »Daß dies aus unserem Bruder Karl geworden ist, daß er so klar und tapfer seinen Weg gehen konnte, das hat er vor allem seiner Frau Tabea zu verdanken.«

Mutter lächelte. Sie hatte in diesen Tagen nur den einen Gedanken, ihre Kinder zu trösten. Sie wußte, daß sie sich von diesem Abschied nicht mehr erholen würde.

An dem Grab unseres Vaters hatten auch die Konfirmanden gestanden, die nur sechs Wochen Unterricht bei ihm gehabt hatten. Sie alle waren traurig, aber einen von ihnen traf dieser Tod besonders hart. Es war Johannes Rau. Seine ganze Kindheit hindurch hatte er in meinem Vater seinen zweiten Vater gesehen. Er war mit Udo befreundet. Im kirchlichen Unterricht war er mit besonderem Eifer dabei. Vor einiger Zeit erinnerte er mich daran, daß wir am

21. Juli 1944 zusammen in die Stadt gegangen waren. Der 13jährige Johannes kam gerade aus der Schule, wo der Lehrer über die »Verräter« gesprochen hatte, die am Tag vorher ein Attentat auf Hitler versucht hatten. Ich schwieg lange. Schließlich sagte ich zu ihm: »Ich bin traurig, Johannes, daß nun die Besten in Deutschland sterben müssen.« Dem Jungen war sofort klar, daß er über diese Bemerkung zu jedermann schweigen müsse.

Dieser Sommer 1944 wurde fast zu schwer für meine Mutter. Udo, eben 18 Jahre alt, bekam beim Übungsschießen einen Splitter in den Hals. Tagelang kämpfte er mit dem Tod. Mutter und ich saßen an seinem Bett im Lazarett, bis die Gefahr vorüber war. Kaum war diese Angst überstanden, da erhielten wir die Nachricht, daß Karl mit drei anderen Soldaten im dänischen Lazarett im Zimmer der Sterbenden liege. Sie waren bei der Entschärfung einer Luftmine getroffen worden. Seine kräftige Natur überstand auch diese Verwundung.

Mit dem Kriegsende 1945 kam die Zeit des Hungers und der Entbehrungen. Friederike erreichte auf abenteuerlichen Wegen das Elternhaus. Sie begann ihre Arbeit im Herbst 1945 als Stationsschwester auf der Typhusstation im Klinikum Elberfeld. Mit aller Kraft setzte sie sich für die Kranken ein. Da bekamen wir Ende Oktober die Nachricht, daß Udo am 7. April 1945 von einer versprengten amerikanischen Kugel getroffen worden war. In der Nähe der Stadt Mühlhausen, Thüringen, begruben seine Kameraden ihn am Waldrand, und die amerikanischen Soldaten beteten das Vaterunser. Dann nahmen sie Udos Kameraden gefangen. Aus seinem letzten Brief an die Mutter spürt man etwas von dem tiefen Glauben und der Geborgenheit, die unseren jüngsten Bruder erfüllte.

Diese Nachricht war für Friederike zu viel. Die Todeskrankheit Typhus überfiel sie plötzlich. Ihre Schwester Alida war bei ihr und erlebte mit, wie sie ihr Leben am 9. November 1945 in Gottes Hand zurückgab.

Dies war der Augenblick, wo wir Übriggebliebenen uns nach der Wirklichkeit und Kraft eines Glaubens fragten, für den die Männer und Frauen der Bekennenden Kirche gekämpft und gelitten hatten. Meine Mutter bat ihren ältesten Sohn Karl, seiner Lieblingsschwester die Grabrede zu halten. Auch an diesem Sarg, so meinte sie, solle das Lob Gottes nicht verstummen.

Obwohl die ersten beiden Jahre nach dem Krieg für alle eine Zeit harter Entbehrungen war, empfanden wir sie als eine große Befreiung. Alida versuchte in Solingen einen Kindergarten aus dem Nichts aufzubauen, Waltraut betreute als Gemeindeschwester einige Dörfer, dazu ein großes Flüchtlingslager. Karl und Edith fingen ihren Dienst in einer Großstadtgemeinde, in Duisburg, an. Ich begann die Jugendarbeit mit neuem Schwung. Alles war plötzlich erlaubt, was wir Jahre hindurch nur heimlich hatten tun dürfen.

In jenen Monaten des Neuanfangs führten Karl und ich ein langes Gespräch. Wir dachten über die Zukunft nach. Was folgte aus dem, was wir im Kirchenkampf erlebt und erlitten hatten? Mein Bruder sah die große Gefahr, daß die Kirche dort wieder weitermachte, wo sie 1933 aufgehört hatte. Er engagierte sich im Kreis der jungen, früher illegalen Pfarrer und wurde bald der Sprecher dieser Bruderschaft. Er und seine Freunde kämpften gegen autoritäre Tendenzen in der Kirchenleitung und wollten unbedingt den Stil der Bruderräte in der Bekennenden Kirche erhalten. Galt das nicht auch für die neue Demokratie in unserem Staat? In der Jugendarbeit probierten wir beide mit einigen Freunden auf gemeinsamen Freizeiten einen neuen Stil der Freiheit aus. Das Evangelium befreit den Menschen zu einer verantwortlich handelnden Persönlichkeit, von der Leben, Freude und Hilfsbereitschaft ausgeht.

Zu diesem Zukunftsprogramm gehört auch der Mut, anzuecken und gegen falsche Tendenzen des Zeitgeistes anzukämpfen.

In diesem Zusammenhang sagte mein Bruder: »Vielleicht sollten wir zunächst einmal alles zur Seite legen, was in den Jahren des Kampfes geschehen ist, und uns für neue Aufgaben bereit halten. Die Glaubenskraft, die uns in jener Zeit gegeben wurde, wird uns helfen, die neuen Herausforderungen anzunehmen.«

Nachwort

Die erste, der ich zu danken habe, ist meine Mutter. Sie hat in jenen Jahren sorgfältig die Briefe gesammelt, die heute das Gedächtnis korrigieren.

Paul Gerhard Schoenborn war der erste, der mich 1983 um einen Vortrag bat, der den Titel »Ein Pfarrhaus im Kirchenkampf« trug.

Seine Frau Margret Schoenborn hat das ganze Manuskript gelesen und Vorschläge für Verbesserungen gemacht. Ihr bin ich ganz besonders dankbar.

Mit großem Eifer schrieb Ralph Schmidhuber ein Kapitel nach dem anderen in seinen Computer.

Meine Schwester Alida wußte noch manches, was ich vergessen hatte. Sie hat an diesem Buch einen großen Anteil.

Es ist für heutige junge Historiker schwer zu verstehen, wie lange sehr viele Menschen damals brauchten, um das nationalsozialistische Regime zu durchschauen. Es ging ja mit einem großen wirtschaftlichen Aufschwung einher, der viele Deutsche mit Hoffnung erfüllte und sie blind machte für das Unrecht, das um sie herum geschah.

Der Kirchenkampf wurde nicht nur von einzelnen mutigen Männern geführt. Ohne die tatkräftige Hilfe der Gemeinde, ohne die Freundschaft der Menschen, die sich mit ihren Pfarrern solidarisierten, wäre der Kirchenkampf nicht möglich gewesen. Wichtig war auch die Bruderschaft der Pfarrer und der illegalen Vikare, die sich ständig gegenseitig ermutigten. Das wird heute oft vergessen.

Während des Schreibens habe ich zum ersten Mal wirklich verstanden, was es für Kinder bedeutete, in so unsicheren Verhältnissen zu leben. Was ging in meinem elfjährigen Bruder Adalbert vor, als die Beamten der Geheimen Staatspolizei in das Schulzimmer der Quinta des Dörpfeldgymnasiums hereinstürmten, um ihm den Schlüssel eines Spielschranks, den er an einem Band um den Hals trug, abzunehmen? Dieser Schrank durfte bei der Hausdurchsuchung nicht übersehen werden.

So wie uns ist es vielen Kindern der Bekenntnispfarrer ergangen. Zu ihnen allen habe ich während des Schreibens hingedacht. Dabei wünschte ich, daß auch sie, ebenso wie wir, etwas von dem Segen gespürt haben, den man erfährt, wenn man die Worte der Bibel ernst nimmt.

Schließlich denke ich an die Freunde und Freundinnen, die in unserem Elternhaus eine Heimat fanden und darum ein Leben lang mit uns verbunden blieben. Ich denke an Irmgard Kowald geb. Fricke und an Marianne v. Oettingen.

Meine Gedanken suchen die Töchter der Familie Brück und Ruth Halstenbach, dazu Leni Hager geb. Rau.

Vor allem aber denke ich an Adalberts und Udos Freunde, besonders an Werner Braselmann und Johannes Rau. Diese beiden haben wir ein Leben lang als zur Familie gehörig angesehen.

Zuletzt möchte ich noch demjenigen danken, der mich darum bat, diese Erinnerungen aufzuschreiben, Herrn Hannes Schmidt-Bianchi, und meiner Lektorin im Quell-Verlag.

Wuppertal, den 1. Januar 1994   *Leni Immer*

Ergänzende Literatur

Joseph Chambon, *Der Französische Protestantismus*. Sein Weg bis zur Französischen Revolution, München 1939.

Karl Immer, *Die Briefe des Cötus Reformierter Prediger* 1933–1937. Herausgegeben von Joachim Beckmann, Neukirchen-Vluyn 1976.

Wilhelm Niesel, *Kirche unter dem Wort*. Der Kampf der Bekennenden Kirche der Altpreußischen Union 1933–1945, Göttingen 1978.

Günther van Norden (Hg.), *Kirchenkampf im Rheinland,* Köln 1984.

Günther van Norden, Paul Gerhard Schoenborn, Volkmar Wittmütz, *Wir verwerfen die falsche Lehre,* Wuppertal-Barmen 1984.

Kurt Schnöring, *Auschwitz begann in Wuppertal,* Wuppertal 1981.

Robert Steiner, *Die Reformierte Gemeinde Gemarke im Jahre 1933 und 1934,* Köln 1982.

Tut um Gottes willen etwas Tapferes! Karl Immer im Kirchenkampf. Herausgegeben von Bertold Klappert und Günther van Norden, Neukirchen-Vluyn 1989.

Die Autorin

Leni Immer, Jahrgang 1915.
Tochter von Karl Immer, aufgewachsen in Wuppertal-Bar-
men. Ausbildung zur Gemeindehelferin in Berlin.
Zunächst als Gemeindehelferin, später als Religionsleh-
rerin in einer Berufsschule und einem Gymnasium tätig.
1974 Examen als Gemeindemissionarin und Ordination zur
Pastorin.
Vorträge über den Kirchenkampf in Deutschland und den
USA. Mitarbeit in der Missionsleitung der Vereinigten
Evang. Mission Wuppertal, Besuche bei jungen Kirchen in
Indonesien und Afrika.